グローバル企業・外資系企業を
目指す人のための
就職転職ガイド

坂本 直文 著

マイナビ

はじめに

　現在、同じ日本企業でも、海外進出に成功しているグローバル企業や外資系企業は年々収益を伸ばしています。

　加えて、福利厚生の充実さや賃金の高さ、雇用安定性といった働きやすさの魅力も大きく高まっており、結果、就職人気ランキング上位企業は、グローバル企業が占めています。

　本書は、グローバル企業や外資系企業の各選考試験で**誰でも今すぐ使える実戦的な合格技が満載**です。

　以下の人気企業における、インターンシップ選考・本選考の合格法をわかりやすく解説しました。人気のグローバル企業・外資系企業を志望する大学１〜４年生・大学院生、転職志望者の必読書です！

・就職試験の３大難関業界である**総合商社**、**コンサルティングファーム**、**大手外資系企業**
・世界的に事業を展開する**メガ損保**、**メガバンク**、**情報通信**、**IT**、**専門商社**、**証券**、**物流**
・世界トップクラスが目白押しの**機械・食品・生活用品・電機メーカー**
・熱烈な志望者が多い**航空**、**旅行**、**ゲーム**、**レジャー**、**大手ホテル**
・近年グローバル化が進む**不動産**、**製薬**、**教育**、**放送**、**出版**、**広告**、**人材**、**アパレル**、**小売り**

グローバル企業・外資系企業の採用試験は、独特の質問・テーマ・形式が登場します。

①一般企業と異なるエントリーシート、面接の設問、グループディスカッションのテーマ（ほぼすべてのグローバル企業）

例：リーダーシップ経験、異文化コミュニケーション経験、ビジネスモデル考案能力、課題解決能力が問われる

②特殊な面接形式や掘り下げ質問（外資、コンサル、総合商社、ほか）

例：ケース面接、フェルミ推定、英語面接が実施される

本書では、これらの経験やスキルがない人でも受かる方法を伝授します！

グローバル企業や外資系企業の選考試験は実力本位の傾向が強く、人気企業でも、出身大学や学部に関係なく内定を出しています。各社が求める「実力」をアピールできれば合格が得られます。

本書を読めば、大学1・2年生は「インターンシップ選考試験」に受かり、3年次の就活で圧倒的有利になります！　大学3・4年生、大学院生、転職志望者は「本選考試験」に受かり、その後の人生が充実します！　就活は「豊かで楽しい人生」をつかむ大チャンスです！　本書を活用して、自らにとって「豊かで楽しい人生」をつかんでください。応援しています。

坂本直文

Contents

CHAPTER 6 ▶ グローバル企業・外資系企業の面接対策

※記載されている情報は本書刊行時のものです。企業名・サービス名などが変更になっている場合があります。

グローバル企業・外資系企業の採用

まずは、グローバル企業・外資系企業への就活に
挑戦するための基本的な知識を頭に入れましょう。
近年の就職活動・転職活動の動向や試験の流れ、
グローバル企業・外資系企業が採用する人材などを押さえてください。
事前にしっかり準備して、スタートダッシュで
ライバルに差をつけましょう。

01

グローバル企業・外資系企業とは

POINT
- ◉ グローバル企業、外資系企業の定義
- ◉ 地方の企業もグローバル化している
- ◉ 外資系企業は勤務地・言語・雇用条件に注意

☑ グローバル企業、外資系企業の定義

　グローバル企業とは、最初に設立した国以外でビジネスを展開する企業のこと。外資系企業とは、その企業が事業を展開している国以外の国に本社がある企業のことです。日本における外資系企業とは、日本以外の国に本社がある、または、日本以外の国で設立された企業のことをいいます。

　グローバル企業や外資系企業は、ビジネスの拠点が海外にもあるため、海外企業との取引、海外出張、海外赴任の機会が多くあります。このような海外での業務を希望する場合は、語学のスキルや異文化コミュニケーションのスキルの高さが求められます。

　とはいえ、グローバル企業においても、国内業務では英語を日常的に使用しないものが多々あるため、英語が苦手な人でも採用されています。語学や異文化コミュニケーションのスキルが高くないからといって、グローバル企業への就職・転職を諦める必要はありません。

☑ 地方の企業も生き残りをかけて
グローバル企業を目指している

　近年では、地方にもグローバル企業が多数あります。都会より人口減少が著しい地方では、売上増進を図るために海外市場の開拓に活路を求める

企業が増えているのです。そのため、各地方の商工会議所や有力地方銀行も、地元企業のグローバル企業化を支援しています。

　たとえば、あなたの地元の企業がグローバル展開に力を入れているかどうかは、企業のWEBサイトを見ればわかります。グローバル企業であれば、海外市場開拓の取り組みが掲載されているはずです。

☑ 外資系企業は勤務地・言語・雇用条件に要注意

　日本人学生の採用を実施しているグローバル企業・外資系企業を見つけるには、下記の①〜③のWEBサイトを活用するのが効果的です。一方、転職希望者で転職先として、グローバル企業・外資系企業を狙っている場合は、④〜⑥のWEBサイトを利用するとよいでしょう。

　外資系企業は、勤務地、使用言語、雇用条件が多岐にわたります。自分が希望する条件に合っているのか、事前に確認する必要があります。

日本人採用を実施している外資系企業の見つけ方	
日本人学生向け	① 国内の大手就職情報サイト
	② 外資系企業就職専門サイト
	③ 海外の大学へ留学経験のある学生を対象にしたボストンキャリアフォーラム、ロンドンキャリアフォーラムのWEBサイト
日本人転職者向け	④ 外資系企業が掲載されている転職情報WEBサイト
	⑤ 外資系企業を紹介しているエージェント
	⑥ 世界最大級のビジネス特化型SNS「LinkedIn」

※ボストンキャリアフォーラム、ロンドンキャリアフォーラムは、株式会社ディスコが運営する、海外大学への留学経験のある人や英語が堪能な人を対象にした合同説明会（P.55も参照）。学生だけでなく、転職志望者も参加できる。

Ⓠ。**グローバル企業の最大の魅力は何ですか？**

Ⓐ。今後、日本で深刻化していく「人口減少による収益減少の荒波」を受けないことです。日本の総人口は2008年をピークに減少し続けています。海外諸国のマーケットで販売力を高めているグローバル企業は、今後ますます就職先としての人気が高まっていくと考えられます。

最近の就職活動・転職活動の動向

POINT
- ◎ グローバル企業は選考開始時期が早い
- ◎ ３年次夏期インターンシップは就活の前哨戦
- ◎ １・２年生からインターンシップに参加しよう

☑ 学生は選考開始時期の早さに注意する

　日本人学生に人気の外資系企業の大半は、**大学３年次の夏期インターンシップが就活の前哨戦。** 気になる外資系企業がある場合は、インターンシップが選考試験を兼ねているか、秋期・冬期の開催予定はあるか、一度で落ちた場合の再チャレンジは可能かなど、インターンシップの募集要項を必ずチェックしておきましょう。日系グローバル企業の大半も、３年次の夏期インターンシップで早期選考を実施しており、その後の秋期インターンシップ、冬期インターンシップでも早期選考を実施しています。

　ただし、インターンシップが早期選考を兼ねていることを募集要項に記載している日系グローバル企業は、50％もありません。そして、「インターンシップは選考試験と関係ありません」と書かれていたり、短期間（半日・１日・２日）のインターンシップであっても、実は早期選考の第一関門であることがよくあります。日系グローバル企業のインターンシップは、常に**「選考試験の可能性が高い」** という気構えで受けることが大切です。

　海外の大学に留学した、もしくは留学中の日英バイリンガルの学生や職務経験者は、毎年11月開催のボストンキャリアフォーラムや、４月開催のロンドンキャリアフォーラムへの参加もお勧めです（P.55参照）。事前にWEBサイトで参加する企業を確認し、諸手続きを済ませておけば、当日、**現地で複数の企業の面接を受けられる**などのメリットがあります。

☑ 1・2年生からの就活開始が圧倒的有利！

　大半のグローバル企業のインターンシップは１年生や２年生でも応募することができます。なぜなら、企業の目的は「意欲的な１年生、２年生とつながりを持つこと」だからです。そのため、インターンシップのプログラムに積極的に取り組む１年生、２年生には様々な優遇策が与えられます。

　たとえば、特別なイベント（見学、質問会、セミナーなど）への招待、３年次の採用試験における一部の試験の免除などがあります。

　つまり、<u>１年生、２年生から就活を開始すると、グローバル企業への就職が圧倒的有利になるのです。</u> 興味がある企業のインターンシップには、１年生、２年生のうちから積極的に参加しましょう。インターンシップに参加することで、業務内容や働き方を体験でき、WEBサイトだけでは得られない情報を得ることができます。インターンシップの体験をもとに企業を比較すると、ESや面接時に活かせるでしょう。

☑ 転職市場は現地の経済状況に注目

　<u>求人市場は、経済動向に大きく影響を受けます。</u> たとえば、北米・ヨーロッパよりも、経済成長が続く東南アジアの方が外国人労働者の受け入れに積極的です。国や企業によって求める人材はさまざまなので、特に転職志望者は事前によく調べておきましょう。

Q。　**インターンシップの選考試験に落ちました。**
その後のインターンシップの選考や本選考で
不利になりますか？

A.　通常は、不利にはなりません。再受験は、「強い熱意の証拠」「粘り強さがある証拠」「内容が改善されていれば、向上心が強い証拠」になるので、むしろ有利になります。再受験で内定を取っている学生は非常に多いです。選考試験に落ちたとしても、諦めずにチャレンジしていきましょう。

グローバル企業・外資系企業で働くメリット

POINT
- グローバル企業は安定性・将来性が高い
- グローバル企業も外資系企業も給与水準の高さが大きな魅力

☑ グローバル企業は安定性・将来性が高い

　グローバル企業の魅力は、その安定性と将来性の高さです。2000年代の前半くらいまでの日本では、安定している企業（業界）といえば、銀行などの金融系企業、鉄道・不動産などのインフラ系企業でした。しかし、少子高齢化が急速に進展した結果、2008年をピークとして総人口が減少に転じ、現在の日本は人口減少時代を迎えています。国立社会保障・人口問題研究所の将来推計によると、2050年には日本の総人口は1億人を下回ることが予測されています。

　そのため、近年は海外に収益の足場をしっかりと築いているグローバル企業が、そのポジションに取って代わっています。

☑ 給与水準の高さも大きな魅力

　ビジネス誌などでは、所得の高い企業ランキングの特集が定期的に組まれていますが、これらのランキング掲載企業の大半がグローバル企業です。総合商社、コンサルティングファーム、世界トップクラスのシェアを持つメーカー、情報通信、IT、広告、海運、物流、製薬、専門商社など、様々なグローバル企業や外資系企業が名を連ねています。**グローバル企業は、安定性や将来性が大きな魅力ですが、給与水準の高さも見逃せません。**

ただし、**職種によって給与は異なります**。「**グローバル型総合職＞全国型総合職＞エリア職**」の順に給与が高いのが一般的です。

☑ 語学力や異文化への理解が深い社員と交流できる

グローバル企業の社員は、仕事で海外との関わりを深く持っています。語学力や異文化への理解が深い社員が多く、一緒に仕事を進めるうちに、自分も**海外の文化、伝統、芸能、観光などに自ずと精通するようになります**。プライベートもグローバルな楽しみ方になる傾向が強いです。

☑ 外資系企業は風通しがよく、意思決定が早い

外資系企業は経営陣の意思決定が合理的なうえ、早い傾向にあります。そのため、事業やプロジェクトを展開したり、拡大したりすることに柔軟に対応していくことが多いです。

また、**社風が年功序列ではなく、実力主義である**ということが特徴ともいえます。女性管理職の比率も日系企業に比べて高い傾向にあるため、積極的に昇進をしていきたい人にもお勧めです。

外資系企業もグローバル企業と同様に、給与水準の高さやグローバルな社員との関わりを期待できます。そのような環境を求める人にはよい環境だといえます。

Q. 経営状態の良好なグローバル企業に就職したいです。経営状態を簡単に確認できる方法はありますか？

A. 上場しているグローバル企業でしたら、簡単に確認できます。たとえば、東洋経済新報社の『会社四季報』やYahoo！ファイナンスなどで、直近3年分の売上高、営業利益の推移を確認しましょう。営業利益が右肩上がりに増えているかをチェックすると、業績が良好かどうかの判断ができます。

グローバル企業化する
大手日系企業

POINT	◉ 少子高齢化・人口減少で国内市場は頭打ち
	◉ 大手企業は生き残りをかけて海外進出
	◉ 海外売上高比率の高い企業を知っておこう

☑ 大手企業の大半がグローバル企業になっている

　グローバル企業は、商社や航空会社、自動車会社だけではありません。今や大手企業の大半が、グローバル企業になっています。その理由は、**少子高齢化・人口減少で国内市場が頭打ちになり、大手企業は海外に成長の場を求めているからです。**

　東洋経済新報社が発行する**『会社四季報』には、上場企業の海外売上高比率が掲載**されています。この比率は年々増えており、**日本の大手企業がいかに海外市場の開拓や顧客の深掘りに力を入れているか**がわかります。

　大手日系企業が海外市場の開拓・顧客の深掘りに力を入れる理由は、海外の市場規模の大きさや人件費の安さに注目しているからです。現在の日本は2011年頃から少子高齢化が進んでおり、将来の働き手が減少傾向にある一方で、最低賃金は例年引き上げられています。このような背景から、国内消費量が減少傾向にある中で、企業どうしで限られた顧客の獲得競争に発展しています。

　ですが、世界の人口は約80億人と大変多く、年々増加傾向にあります。そして、発展途上国へ進出することができれば、人件費を抑えることにもつながります。大手日系企業は、この状況に注目しており、今後も世界の人口が増加していくという予想と判断のもとに、海外市場の開拓・顧客の深掘りをしているのです。

☑ 海外売上高比率の高いグローバル企業

　海外売上高比率の高いグローバル企業を下記にまとめてみました。下記からわかるように、海外売上高比率の高い企業の業界は、機械や輸送用機器、銀行業、食品、化粧品など、様々あるのです。

グローバル企業：海外売上高比率（概算）

コマツ…………… 85%	資生堂……………… 57%	旭化成……………… 40%
ダイキン工業……… 77%	味の素……………… 56%	NTTデータ………… 40%
任天堂……………… 77%	住友電工…………… 56%	日本航空 …………… 39%
トヨタ自動車 ……… 76%	パナソニック……… 54%	富士通……………… 32%
ソニー ……………… 70%	三菱UFJ銀行 ……… 48%	象印マホービン …… 30%

※各社の2021～2022年度の決算資料をもとに、筆者作成

　海外売上高比率が高いことは、日本市場にとどまらず、海外市場での成長が期待できることを意味します。ただし、海外売上高比率が高い企業は、為替の動向に注意しなければなりません。海外の場合、日本国内と比べて、自然災害や事件、政治的な変化による影響を受けることもあるため、それにより為替市場が大きく変化することも考えられます。そのため、グローバル企業は社会情勢に合わせた対応能力が求められます。円高の場合は輸出コストが高くなり、利益が縮小してしまいます。

　その一方で、円安の場合は輸出コストが抑えられるため、利益の拡大が期待できます。海外売上高比率の高いグローバル企業に注目していきましょう。

Q. 英語が苦手ですが、グローバル企業に就職できますか？

A. 大丈夫です。国内勤務の職種の場合は通常、英語力は重視されません。実際に、グローバル企業に就職した人の中にも、TOEICスコアが高くない人もいます。ただ、苦手を放置するのではなく、ESや面接で改善するための努力をアピールすると好印象です（P.96参照）。

グローバル企業・外資系企業が欲する人材

| POINT | ◎ 異文化を理解し、コミュニケーションを円滑にし、リーダーシップも発揮できる人材
◎ ビジネスモデル考案力がある人材 |

☑ グローバル企業の内定の決め手は語学力ではない

多くの人が、グローバル企業に受かるためには「語学力」が最も重要だと考えますが、実際に内定獲得に大きく影響しているのは、①「異文化コミュニケーション力」、②「ビジネスモデル考案力」、③「リーダーシップ力」の3つのスキルです。グローバル企業の採用試験では、エントリーシート（ES）、面接、グループディスカッション（GD）のすべての段階でこれらをチェックされます。語学力に自信がなくても、①②③をアピールすることで受かります。これらのスキルはそれほど重要なのです。実際の出題例とともに詳しく見ていきましょう。

☑ 異文化コミュニケーション力

「異文化コミュニケーション力」とは、異なる文化や習慣を理解し、コミュニケーションを成立させる力で、グローバル企業では必要不可欠な基本のスキルです。海外では、日本でのビジネスモデルをそのまま現地で実施しても成功するとは限りません。進出国の文化、伝統、習慣、価値観、嗜好、ニーズ、競合企業の状況などを深く理解し、現地の取引企業とのリレーションシップ構築などをきめ細かく実施していく必要があります。

海外ビジネスの成功の土台は、異文化コミュニケーション力によって築

かれます。だからこそ採用試験でも重視されているのです。

大手総合商社AのES出題例

設問 あなたが周囲から信頼されるために大切なことは何ですか。
回答を記入してください。（300文字以内）

ビジネスモデル考案力

「ビジネスモデル考案力」とは、**多角的かつ俯瞰的な視点からビジネスモデルを考案する力です。**ビジネスを成功させることは、日本でさえ難しいもの。海外でビジネスを成功させるには、「ビジネスモデル考案力」が必要不可欠です。採用試験のすべての段階で、この力が試されます。

大手総合商社BのES出題例

設問 世の中にあるものやサービスをつないで新たな価値を生み出し、日本人の人々の衣・食・住のいずれかを豊かにするアイデアを説明してください。（800文字以内）

リーダーシップ力

「リーダーシップ力」とは、**進むべき方向を指し示し、対人影響力を発揮しながらスタッフを率いていく力**です。

海外進出先では、ゼロからチームビルドをすることが少なくありません。現地支社の日本人従業員と外国人従業員の全員を巻き込み、勝てるプロジェクトチーム作りをする必要があります。**そのため重要なのは、価値観が違う外国人従業員との接し方です。**だからこそグローバル企業では、リーダーシップ力が非常に重視されています。

リーダーシップ力は、組織の中でリーダー職にある者が発揮する統率力だと考えている学生が多いですが、決してそんなことはありません。具体的な対策例は、CHAPTER2で詳しく紹介します。

大手総合商社CのES出題例

設問 学生時代にリーダーシップを発揮した経験について教えてください。（250文字以内）

近年のグローバル企業の採用動向（新卒・中途）

POINT	◎ 近年、地方大学の学生も積極的に採用している
	◎ 海外への留学生に配慮した採用試験もある
	◎ 中途採用に積極的な企業が多い

☑ 地方大学の学生も積極的に採用

　グローバル企業の特筆すべき動向として、地方大学の学生も積極的に採用しているという特徴があります。理由は3つあります。

グローバル企業が地方大学の学生を積極的に採用する理由

❶ 近年、国際系の学部を新設した地方大学や、実践的な語学教育に力を入れる地方大学などが増えていて、**グローバル企業が採用したくなる考え方・スキルを持つ学生が増えている**ため

❷ 会社説明会、インターンシップ、選考試験がオンラインで実施されるようになり、地方からの参加・受験が大幅に増えたため

❸ 地方大学の学生が、既に入社後、仕事で活躍していて、採用に安心感を持っている。そのため後輩にあたる学生を採用したいと考えているため

　以上の理由により、地方大学と都会の大学における優劣はなく、地方大学の学生だからといって、都会の大学の学生より不利になることはありません。オンラインの会社説明会やインターンシップを利用し、企業理解や仕事内容への理解を深めて、自信を持ってエントリーしてください。

☑ 海外大学に留学する学生も積極的に採用

　海外大学に留学する学生の中には、将来はグローバル企業で働きたい人が少なくないため、最近は海外大学の留学生への配慮も増えてきました。

グローバル企業が実施している海外大留学生への配慮

❶ オンライン会社説明会、オンライン面接／オンラインGD
❷ 通年採用
❸ ボストンキャリアフォーラム・ロンドンキャリアフォーラム

※❶～❸の記載がない場合も諦めず、まず企業に確認してみるとよい。

☑ 中途採用を積極的に実施している

　<u>海外進出に力を入れているグローバル企業ほど、中途採用を積極的に実施しています。</u>これには４つの理由があります。

グローバル企業が中途採用を積極的に実施している理由

❶ 「海外進出＝業務拡張」であり、より多くの人員が必要となる
❷ 新たなビジネスモデルに着手する場合、そのビジネス領域の知見を持った人材のニーズが生じるため
❸ 新たな国に進出する場合は、その国に関する知見を持った人材のニーズが生じるため
❹ 海外諸国では従業員が転職しながらステップアップする文化があり、グローバル企業も外国人採用を目的に、これを考慮した採用戦略を立てているため

　ただし、より多くの人員が必要とはいえ、採用試験のハードルが低いわけではありません。グローバル企業特有の実力主義の社風やスピード感、事業撤退などの状況を理解し、採用試験に臨みましょう。

近年のグローバル企業の
採用試験の流れ

POINT

- ◉ グローバル企業は、実質通年採用になっている
- ◉ 3年生の夏期インターンからチャレンジしよう
- ◉ 1～2年生には3年次優遇を与える企業もある

☑ グローバル企業は通年採用へ。
春から秋の採用に向けたインターンシップを実施

　多くの日系グローバル企業は、「夏期インターンシップ→秋期インターンシップ→冬期インターンシップ→本選考（春）→本選考（夏）」の流れで採用試験を実施しています（一部の企業は、秋にも本選考を実施）。インターンシップは早期選考を兼ねていることが多いので、そのつもりで準備をして受験することが重要です。

☑ 新卒採用は3年生の夏期インターンシップが
実質的な就活スタート

　グローバル企業の大半は、夏期インターンシップを採用試験の実質的なスタートとしています。夏期インターンシップから参加すると、受験チャンスと内定チャンスが最も多くなります。志望企業の選択や試験対策の経験値を積めることから、その後の就活で非常に有利になります。

　一部の企業は各インターンシップが採用に関連していることを募集要項で明示していますが、たとえ明示していなくてもインターンシップの参加者の中から内定を出している企業は多いです。

　実際に、ある就職情報会社の調査では、大手企業の3社に1社は、内定

者の３割以上をインターンシップの参加者が占めているという結果が出ています。

　また、**インターンシップの経験は、志望動機の強い根拠となり、自己PRを組み立てる際のヒントにもなるため、本選考で有利になります。**

　外資系企業は、日系グローバル企業と同様の流れで採用試験を行う企業と、独自のやり方をしている企業の２つのタイプに分かれているので、注意が必要です。志望する企業の募集要項を必ず確認して、採用試験に臨みましょう。

☑ 1・2年次のインターンシップ参加で 3年次優遇を与える企業もある

　グローバル企業の多くは、３年次の採用試験での採用候補を確保しておきたいと考えています。そのため１〜２年生にはインターンシップ終了後、特別セミナーや見学会、質問会、勉強会などのインターンシップ参加者限定イベントに招待したり、**３年次の採用試験でESや一次面接の免除、特別な早期選考枠での受験といった優遇措置を与えたりすることがあります。**

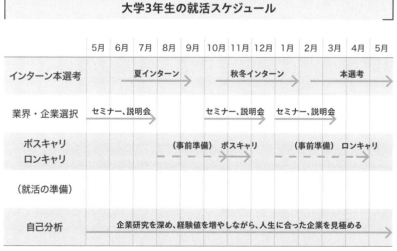

大学3年生の就活スケジュール

	5月	6月	7月	8月	9月	10月	11月	12月	1月	2月	3月	4月	5月
インターン本選考		夏インターン →				秋冬インターン →				本選考 →			
業界・企業選択	セミナー、説明会 →					セミナー、説明会 →			セミナー、説明会 →				
ボスキャリ ロンキャリ				(事前準備)	ボスキャリ				(事前準備)		ロンキャリ		
(就活の準備)													
自己分析	企業研究を深め、経験値を増やしながら、人生に合った企業を見極める →												

※ボスキャリはボストンキャリアフォーラム、ロンキャリはロンドンキャリアフォーラムの略称。

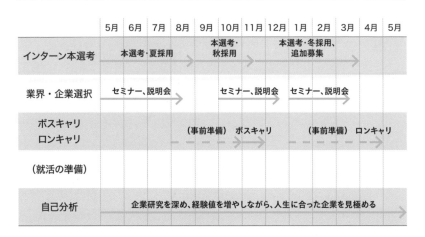

大学4年生の就活スケジュール

	5月	6月	7月	8月	9月	10月	11月	12月	1月	2月	3月	4月	5月
インターン本選考	本選考・夏採用 →				本選考・秋採用 →			本選考・冬採用、追加募集 →					
業界・企業選択	セミナー、説明会 →					セミナー、説明会 →			セミナー、説明会 →				
ボスキャリ ロンキャリ					(事前準備)	ボスキャリ →			(事前準備)		ロンキャリ →		
(就活の準備)													
自己分析	企業研究を深め、経験値を増やしながら、人生に合った企業を見極める →												

前述のとおり、グローバル企業のインターンシップに参加することで、3年次の採用試験でESや一次面接の免除、特別な早期選考枠での受験資格など、優遇措置を与えられることがあります。

対象になるためには、インターンシップへの参加だけではなく、インターンシップ期間中に少なくとも以下のどちらかで高評価を得ることが必須条件になります。①社員と積極的にコミュニケーションを取り、仕事内容に関する質問などで熱意を示す。②ワークショップやディスカッションでリーダーシップを発揮したり、革新的なアイデアを述べたりする。①はP.42、②はP.94 ～ 95を参照して、積極的に取り組みましょう。

Q. 私は現在、大学1年生です。将来、グローバル企業で働きたいと考えています。今のうちにやっておくとよいことはありますか？

A. 興味のある複数の企業のインターンシップに参加するとよいでしょう。多くのグローバル企業で、1 ～ 2年生でもインターンシップへの参加が可能です。1 ～ 3日のインターンでも企業のことがわかりますので、3年次の就活でどの企業を第一志望にするかの判断が的確にできるようになります。

内定獲得のために
学年別にやっておくべきこと

POINT	
	◎ 1・2年生はセミナーへの参加がお勧め
	◎ 3年生はインターンシップの準備をする
	◎ 4年生は採用試験の準備を進める

☑ 1年生、2年生がやるとよいこと

　まずは業界研究に関する書籍などを読んで全業界を俯瞰し、そのうえで自分の興味や関心に合わせて10業界前後を選びます。次に、インターンシップを受ける候補の企業を各業界4社程度ピックアップ。**特に興味を持った企業について、企業のWEBサイトでインターンシップ情報を調べましょう。**近年は1～2年生も参加できるものが大半になっています。

　また、**各就職情報会社が主催する各種セミナー（合同会社説明会・業界研究セミナー・仕事発見セミナーなど）に参加しましょう。**3年生向けのセミナーでも、実は1～2年生でも参加できるものが多くあります。

　自分がどんな企業と合っているかを見極めたい人は、スカウト型の就職情報WEBサイトへの登録もお勧め。グローバル企業に特化したWEBサイトもあります。自己紹介欄（PR欄）に書いたことに応じて、インターンシップや会社説明会、セミナーなどのオファーが企業から学生へ届きます。これらの活動がポジティブな業界研究・企業研究につながるのです。

☑ 3年次の4月から6月に就活をする場合

　前述のとおり、まずは書籍などを読んで全業界を俯瞰し、10業界前後を選んで、インターンシップを受ける候補の企業を4社程度ピックアップ。

5月中旬頃から開催される合同の会社説明会（オンライン型、対話型）に参加し、インターンシップを受ける企業を定めていきましょう。

　5月下旬から大手企業のインターンシップ選考試験が始まります。志望度の高い企業のインターンシップ選考に万全の準備を整えてから受験できるように、**最初の3社くらいは志望度の低い企業をあえて受け、ESを書くことの鍛錬をし、面接にも慣れておくとよいでしょう。**

　6月中旬から8月初旬にかけては、インターンシップ選考試験の合否発表があります。**約半数の企業は、インターンシップが早期選考の入り口になっています。インターンシップは、そのつもりで受けることが大事です。**万が一、すべての企業の夏期インターンシップ選考試験に落ちてしまった場合は、次の項目で説明する内容を実行しましょう。

　夏期インターンシップに参加した場合は、社員にできるだけ質問を行い、少しでも多くの知見を得ることがとても重要です。また、インターンシップ後に、会社訪問や志望職種の社員への訪問をお願いすると、企業研究が深まり、やる気もアピールできるため、よりよいでしょう。

☑ 3年次の7月から9月中旬に就活をする場合

　まずは就活対策の書籍などを読んで全業界を俯瞰し、10業界前後を選んで、インターンシップを受ける企業を各業界4社程度ピックアップしましょう。**志望業界が大手企業の場合は、夏期インターンの応募書類提出日を過ぎてしまっている可能性があります。その場合は、志望業界に所属する中小企業の夏期インターンシップを受けるとよいでしょう。**

　また、**「就職情報WEBサイト」に複数登録する**こともお勧めです。複数登録することで、企業情報を幅広く得られるようになります。加えて、多くの企業の説明が聞ける合同タイプのセミナーにも参加しておきましょう。名称は合同会社説明会、業界研究セミナー、インターンシップセミナー、仕事発見セミナーなど様々ですが、どのセミナーでも思わぬ優良企業との出会いが期待できます。

　万が一、夏期インターンシップに参加できない場合は、次の3つの内容を実践しましょう。

夏期インターンシップに参加できない場合にやるべきこと

❶ OB・OG訪問

❷ 英語の集中的な特訓

❸ 学生向けの各種研修プログラムの参加

❶と❷は、夏休みにぜひ取り組みましょう。❷のうち、安価で取り組みやすいのは「オンライン英会話」。金銭的な余裕がある場合は「合宿型の英語集中特訓プログラム」や「海外への短期語学研修」も検討しましょう。❸は大学生協主催の学びと成長を支援するプログラムのラインナップ、または日本経済新聞社や東洋経済新報社主催のセミナーがお勧めです。

☑ 3年次の9月から11月に就活をする場合

最初にやるべきことは同じです。まずは全業界を俯瞰し、10業界前後を選んで、インターンシップを受ける候補の企業を各業界4社程度ピックアップしましょう。

10月から11月中旬は秋期インターンシップ、11月中旬から12月は冬期インターンシップが実施されます。一般的に、企業の採用意欲は、夏から冬にかけて高まり、早期選考を行います。万が一、すべてのインターンシップ選考に落ちた場合、やるべきことは次の3つです。

すべてのインターンシップ選考に落ちた場合にやるべきこと

❶ 未登録だった就職情報WEBサイトにいくつか登録する

❷ 合同会社説明会に多数参加して志望企業を増やす

❸ 大学のキャリアセンターで、卒業生の内定先リストを確認して志望企業を増やす

✅ 3年次の12月から1月に就活をする場合

　まずは全業界を俯瞰し、10社前後を選んで、インターンシップや本選考を受ける候補の企業を各業界4社程度ピックアップしましょう。12月中旬から1月初旬頃までは、一部の企業にはなりますが、冬期インターンシップの応募ができます。**2月は本選考が活発化して忙しくなるので、志望度の高い企業は2月のインターンシップに参加するのがお勧めです。**

　もし志望度の低い企業の場合は、優先順位を考えて、参加するかどうかを早めに判断したほうがよいでしょう。

✅ 3年次の2月・3月から就活をする場合

　2月、3月は企業の本選考が活発化する時期です。大半のグローバル企業は既に、夏期・秋期・冬期インターンシップを受けた学生の中から熱意や能力の高い応募者を選んでいたり、早期選考を実施したりしています。しかし、この時期は本選考を実施するため、ここでの内定者枠もありますので、心配はいりません。

　まずは早急に全業界を俯瞰し、10業界前後を選んで、本選考を受ける候補の企業を各業界4社程度ピックアップしましょう。**企業のホームページなどに掲載されている採用情報ページや募集要項を読み、ES提出の締め切り日を確認しましょう。締め切り日が近いものから優先順位をつけて執筆・提出していくことが大切です。**

　なお、2月・3月・4月・5月・6月に実施する試験のことを「春採用試験」と呼ぶ企業もあります。「春採用試験」は、実施する企業数と採用枠が1年を通して最も多く、就活生の活動がとても活発になる時期です。そのため、選考期間がほかの時期と比べ、長期化しやすい特徴があります。志望する企業の選考スケジュールは十分に確認をしましょう。

　また、複数の企業の選考を同時に進めていくことになるため、会社説明会や面接の日程などが重複しないように注意しましょう。

☑ 4年生の4月から6月に就活をする場合

　「春採用試験」は、応募締め切り日の時期をずらして、2〜3回設定している企業が多くあります。中には5月、6月でも応募できる大手企業もあります。そして近年は、通年採用しているグローバル企業もあり、中堅企業の場合は、この時期の採用に力を入れていることが多いです。

　早急に全業界を俯瞰し、10社前後を選んで、本選考を受ける企業を各業界4社程度ピックアップしましょう。

　企業のホームページなどに掲載されている採用情報ページや募集要項を読み、締め切り日の近いものからESの執筆に着手・提出していきましょう。

☑ 4年生の7月から就活をする場合

　何らかの事情で就活の開始が4年生の7月以降になった人も、就職を諦める必要はまったくありません。これには、次の5つの理由があります。

就活を始めるのが4年生の7月以降になっても
就職を諦める必要はない理由

❶ 7月・8月に「夏採用試験」、9月・10月に「秋採用試験」を実施する大手企業もあるため

❷ 近年は、通年採用をしているグローバル企業もあるため

❸ 大学キャリアセンターの求人情報も大変役立つため

❹ 就職情報WEBサイトには、この時期でも採用活動をしている企業が多数紹介されているため

❺ スカウト型就職情報WEBサイトに登録すると、思いも寄らない優良企業・人気企業からスカウトが来ることがあるため

　「春採用試験」では思うように学生が集まらず、追加で募集する企業もあります。❸❹❺を活用しながら、あせらず就活を進めていきましょう。

PDCAサイクルを活用しよう

PDCAサイクルとは、Plan（計画）、Do（実行）、Check（評価）、Action（改善）の4つのステップから成る、問題解決や業務改善に用いられる手法です。このサイクルを繰り返すことで、問題解決能力の向上につながります。

❶ Plan（計画）

目標を設定し、具体的な計画を立てる。現状の課題を明確に把握し、必要な情報を収集することが重要。

❷ Do（実行）

計画を実行する。計画どおりに進めるために必要な手順や方法を明確にし、適切に実施することが重要。

❹ Action（改善）

❸を踏まえて改善策を立て、❶を見直す。今後に反映できるアクションプランを立てることが重要。

❸ Check（評価）

実施した効果を定量的・定性的に評価し、計画に対する進捗を確認。効果の可視化、課題の発見を行う。

PDCAサイクルを使うと就職活動が効率化でき、自己PRに活用すると採用担当者の高評価が期待できます。PDCAサイクルの４ステップをもとに説明を組み立てると、自己PRやガクチカ※の土台となる文章を簡単に作ることができます。

●ゼミ活動をテーマにしたPDCAサイクルの自己PR事例

❶ ゼミ活動の目標設定、計画

目標を「スライド作成スキルの向上」に設定。「専門書で学習する」「人にアドバイスをもらう」などのプランを立てる。

❷ 計画にもとづき、実際にアクションを起こす

教材を読み込んで学習し、スライドに反映する。また、先輩や教員とコミュニケーションを取り、アドバイスをもらう。

❹ 評価の結果を踏まえて、改善策を立案する

スライドの構成、レイアウト、説得力、プレゼンの所要時間などの課題をもとに、改善案を立てて、クオリティを向上させる。

❸ Doの結果を評価し、達成度合いや課題を確認する

ゼミの仲間や教員からフィードバックを受ける。問題点や課題があった場合には、改善案を考える。

※「ガクチカ」は、「学生時代に力を入れたこと」の通称。

CHAPTER 2

グローバル企業・外資系企業で求められる4つの力

グローバル企業・外資系企業の就活は、
「異文化コミュニケーション力」
「ビジネスモデル考案力」「リーダーシップ力」
「英語力」の4つの力が求められます。
これまでにこうした力を発揮した経験のない人でも大丈夫。
今から対策ができる、内定を獲得するための方法をご紹介します。

異文化コミュニケーション力

ビジネスモデル
考案力

リーダーシップ力

英語力 A–Z

異文化コミュニケーション力

POINT

- 4つの力から自分の強みをアピールしよう
- 異文化コミュニケーションには様々なアピール方法がある

☑ グローバル企業で必要な4つの力

グローバル企業の受験で問われることが多く、高評価される力があります。①「異文化コミュニケーション力」、②「ビジネスモデル考案力」、③「リーダーシップ力」、④「英語力」の4つです。

ただし、①〜④のすべての力が高くなくてはいけないわけではありません。もちろん、これらがバランスよく高いのが理想的ですが、実際には多少のばらつきがあっても、内定を取っている学生は多くいます。

たとえば、④の英語力は高くなくても、①②③のいずれかの力が非常に高い学生は内定を取っています。企業が学生に求める大学での成績などが、仮に最低点であっても同様です。また、②のリーダーシップ力が高くなくても、①③④のどれかが非常に高い学生は内定を取っています。

つまり、①+②+③+④を合計した総合点が高ければ、トップ合格にはならないとしても、内定は取れるのです。このどれかに弱点があったとしても、内定獲得を諦める必要はまったくありません。理系職の場合は、①〜④にプラスして、⑤「研究職として必要な専門知識・スキル」も重視されます。この場合も①〜⑤の総合点が高ければ、内定は取れます。

また、④の英語力に関しては、企業によっては別の言語でも高く評価されます。たとえば、中国企業とのビジネスに力を入れている企業は「中国語力」、フランス企業とのビジネスに力を入れている企業は「フランス語

力」、スペイン語圏の企業とのビジネスに力を入れている企業は「スペイン語力」を高く評価します。

英語以外の言語の習得をした学生は、その言語圏でのビジネスを活発に行っている企業を受験すると有利になります。

☑ 異文化コミュニケーション力のアピール方法

グローバル企業では、**ESの「学業欄」「自己PR欄」「学生時代に力を入れたこと欄（課外活動欄）」の3つのいずれかに、「異文化コミュニケーション力」に関する内容を書くこと**が期待されています。

では、それぞれの欄におけるアピールポイントを見てみましょう。

●「学業欄」に書く場合

異文化コミュニケーション力をアカデミックな視点で学んだことは強いアピールポイントになります。近年、国際系学部、グローバル系学部、異文化コミュニケーション系学部、外国語系学部を設置している大学が増えています。経済学部、経営学部、法学部、政治学部、社会学部、文学部などでも、グローバル人材を養成するカリキュラムを構築しており、国際○○学や国際○○論など、**グローバルな視点の科目を履修できる大学が多いです。こういった科目を履修して「学業欄」に書きましょう。**

●「自己PR欄」「学生時代に力を入れたこと欄」に書く場合

「自己PR欄」や「学生時代に力を入れたこと欄（課外活動欄）」で異文化コミュニケーション力をアピールできる題材は、「海外留学だけ」と考えがちですが、それはまったくの誤解です。次に紹介する実例のように、様々な題材をアピールして多くの学生が内定獲得に成功しています。**あなたが所属する部やサークル、授業、ゼミ、アルバイト先に留学生がいれば、協業経験は問題なくアピールできます。**

現在アピールできることがまったくない人は、大学にある「国際交流センター（留学生交流室など、名称は大学によって異なる）」のWEBサイトをチェックしてみましょう。留学生と交流できる様々なタイプのイベント

（勉強系・娯楽系・その他）が企画されています。そういったイベントに参加して、アピールできる題材を増やしていくのです。

また、**海外留学よりも非常に安価な金額で受講できる「オンライン英会話」もお勧めです。**レッスンの中で多くの外国人講師と意見交換すれば、グローバル企業の試験で受かる題材となります。なお、「オンライン英会話」を受講するときは<u>応募したい企業の海外支社がある国や、自分が希望する出張先・赴任先の国の外国人講師を選びましょう。</u>採用選考でより効果的にアピールできます。

内定者がアピールした異文化コミュニケーション力の例

❶ 海外での経験を活かした例

- 留学やインターンシップ経験
- 語学、文化、ITなどの研修経験

❷ 日本での経験を活かした例

- インターンシップ、アルバイト、ボランティアで、外国人や留学生と協力をした経験

❸ 大学での経験を活かした例

- 授業、ゼミ、部活、サークルで、外国人や留学生と協力をした経験
- 国際交流センターなどのイベント参加経験

❹ その他の例

- 英会話スクールでの外国人講師との交流（授業やイベントなど）※

※通学型、オンライン型がある。

☑ 異文化コミュニケーションは2種類ある

外国人や留学生に対してコミュニケーションを取る場合は、言語を使った「バーバルコミュニケーション」と、表情や身振りを使った「ノンバーバルコミュニケーション」を意識するようにします。

バーバルコミュニケーションを使う場合、特に相手が日本語をうまく話せない場合は、使用頻度の高い定番の言葉で伝えるようにしましょう。「これから話し合います」「テーマは〇〇です」「質問はありますか?」など、1つひとつの文をなるべく短くすると、相手に伝わりやすくなります。

一方、ノンバーバルコミュニケーションの場合は、特に表情による表現が影響力を持っています。その他にも、声の出し方や視線で表現をすることで、相手の感情や立場に寄り添うことにつながっていきます。

ただし、どちらのコミュニケーションを使う場合でも、外国人や留学生には日本人のような阿吽（あうん）の呼吸は通用しません。また、ノンバーバルコミュニケーションは、世界共通ではないため注意が必要です。たとえば、日本で「おいで」と手招きしたい場合は、手のひらを下にして伝えますが、アメリカでは「あっちへ行け」と解釈される表現になります。このように、身振り1つをとっても解釈が異なります。日本人どうしがコミュニケーションを取るときも、言葉遣いや身振りなどへは注意が必要ですが、外国人や留学生とコミュニケーションを取るときはより注意しましょう。

Q。 **企業にアピールできる異文化コミュニケーションの経験がない場合は、どうしたらよいですか?**

A. 大丈夫です。あなたと同じことを言っていた学生の実例を紹介します。その学生は、大学の国際交流センター主催の留学生とのボードゲームパーティーに参加。次のドッジボール大会ではスタッフとして運営もしたので、その体験をアピールしてグローバル企業に受かりました。別の学生も、オンライン英会話に申し込み、毎回、違う国の講師を指名してマンツーマンレッスンを受講。各国の文化、習慣、流行しているものなどを聞き、この経験をアピールしてグローバル企業に受かりました。異文化コミュニケーションの経験は、海外留学経験の有無がすべてではありませんので、安心してください。

ビジネスモデル考案力

☑ グローバル企業の選考試験で最も重要なビジネスモデル考案力

「ビジネスモデル考案力」は商品やサービスへの戦略を立てる力で、ES、面接、GDの3つの試験で問われる、グローバル企業の選考試験の最重要ポイントです。ESでは、「あなたが当社で実現したいこと（ビジネス）について説明してください」といった設問が頻出します。通常は200〜400文字ですが、800文字で書くことを課す企業もあります。

ESでの出題例

あなたが当社で挑戦したいこと、実現したい夢について教えてください。その際、特に興味のある分野や事業があれば、具体的に触れていただいてもかまいません。（250文字以内）

当社が今後「グローバル企業」として成長するために、「革新」すべきだと思うことを理由とともに教えてください。また、あなたならそれにどのように貢献することができますか？（500文字以上600文字以内）

世の中にあるものやサービスをつないで、新たな価値を生み出し、日本の人々の衣・食・住のいずれかを豊かにするアイデアを説明してください。（800文字以内）

面接では、内容を具体的に掘り下げる質問がなされます。頻出質問は、「このビジネスモデルのターゲットを説明してください」「コンセプトについて詳しく説明してください」「競合他社に勝てる理由を説明してください」「宣伝手段を詳しく説明してください」などが挙げられます。

GDによる選考ではビジネスモデルを構築する課題が出題され、短い企業では20分、長い企業では60〜90分の制限時間を課せられます。一部の企業では、ディスカッションの後に、発表（プレゼンテーション）を課される場合もあります。

☑ 高評価を得る3つの条件

ES、面接、GD試験突破の方法は、CHAPTER5〜6で詳しく説明します。ここでは高評価を得るための3つの条件を覚えておきましょう。

① 着眼点の条件：企業の経営計画の方向性との一致

企業が求めているのは、自社の発展です。 自社発展のビジョンは経営陣が「経営計画」にまとめているので、**企業のWEBサイトの「経営計画」を読めば、どのような着眼点（今後の進出分野・注力事業、コンセプト、ターゲット、達成目標）でビジネスモデルを構築すればよいかわかります。**

今後の進出分野や注力事業は、複数あるのが一般的です。そこから自分がアイデアをふくらませやすいものを選びましょう。企業の経営計画と若干異なるビジネスモデルであっても、次の②③の条件を満たしていれば、高評価を得られます。検討段階では、複数のビジネスモデルを考え、②の3条件を最も高いレベルで満たすものを選ぶとよいでしょう。

② 内容の条件：「新規性がある」「実現性がある」「収益性が高い」

ビジネスモデル考案力には、「新規性がある」「実現性がある」「収益性が高い」の3つの条件が求められています。 通常は、3つを満たすと最高レベルの評価、2つを満たすと合格評価、まったく満たしていないと不合格評価となります。面接でビジネスモデルを問われる場合は、「そのビジネスモデルの収益はどのくらいですか？」といった内容を掘り下げる質問

が頻出するので、具体的に考えておくことが重要です。

　GDで「ビジネスモデル考案」が出題される場合は、「新規性を特に重視すること」「収益性を特に重視すること」などの指示があることが多いので、それらの指示に沿った内容を考えることが必要です。新規性があるかどうかは、志望企業のWEBサイトの事業内容とプレスリリースのページで、「同じものを既に事業化していないか」をインターネットで検索して、「他社が手掛けていないか」を確認しておくとよいでしょう。

③ 検討の条件：ビジネスモデルの7要素を検討する

　ビジネスモデルの考案は、以下の7要素を満たしていることが重要です。1つでも欠けると受かるビジネスモデルではなくなるので注意しましょう。

　また、ビジネスモデルを考えるうえで、最も大切なのは②「ターゲット」の選定です。「ターゲット」は、市場にある潜在的なニーズをくみ取り、将来の顧客になってもらうために選定します。ニーズの有無はもちろんですが、市場規模が妥当かどうか、市場としての成長が期待できるかなども考慮しなければなりません。性別、年齢層、居住地、ビジネスパーソンなのかどうかなどに注目するとよいでしょう。

ビジネスモデルの7要素

---

❶ **コンセプト**……企画において全体を貫く基本的な考え方

---

❷ **ターゲット**……誰に対する商品・サービスなのか

---

❸ **現状分析**……ターゲットの現状とニーズの分析（データ等）

---

❹ **企画内容**……企画する商品・サービスの内容（絵・図・写真等）

---

❺ **競合分析**……競合企業の商品の分析と勝てる理由（データ等）

---

❻ **利益目標**……宣伝手段。短期・長期の単価、売上・利益目標

---

❼ **貢献事項**……自分はこのプロジェクトでどう貢献するか

☑ ビジネスモデルはSWOT分析を使って考える

　精緻なビジネスモデルを作る場合は、ビジネスモデルの7要素に加えて、「SWOT分析」を活用するとよいでしょう。

　SWOT分析とは、企業の事業状況を分析したり、把握したりするために活用する枠組みのことを指します。下の図のように、自社の内部環境と外部環境をそれぞれプラス要因とマイナス要因に分けて分析します。SWOTは、強みのStrengths・弱みのWeaknesses・機会のOpportunities・脅威のThreatsを意味しており、それぞれの頭文字を取って名前が付けられました。「強み×機会」であれば、企業の強みを最大限に活かし、市場と業界へどう参入していくかを考えます。その一方で、「弱み×機会」であれば、企業の弱みによる機会損失を起こさないように、どう対応していくかを考えなければなりません。

SWOT分析のフレームワーク

		プラス要因	マイナス要因
資産やブランド力、価格や品質など	内部環境	**Strengths** 強み	**Weaknesses** 弱み
協業や法律、市場トレンドなど	外部環境	**Opportunities** 機会	**Threats** 脅威

Ⓠ。 **ビジネスモデルを学んだことがまったくない場合は、どう対策したらよいですか?**

Ⓐ. 大丈夫です。知識がまったくなくても、短時間で合格レベルを超えることは可能です。本書で紹介したビジネスモデルの作り方(ビジネスモデルの7要素)は、ビジネスモデルを作る際の最も基本的な考え方であり、専門知識がまったくなくても容易に理解できます。ビジネスモデル構築法には、もっと高度で複雑なものもありますが、入社試験ではそこまで要求されません。なお現実的には、9割以上の学生は、この基本的なビジネスモデルですら、きちんと理解しないで受験しています。基本を理解して、ライバルに差をつけましょう。

リーダーシップ力

POINT
- ● 選考試験の「リーダーシップ力」の解釈に要注意
- ● ES、面接、GD試験の3段階で問われる
- ● GDで発揮できるリーダーシップは12種類

☑ 「リーダーシップ力」の間違った解釈

　グローバル企業のESや面接、GDでは、「リーダーシップを発揮した経験について述べてください」という質問が頻出します。

　ただし、注意したいのはほとんどの学生が「リーダーシップ力＝組織の中でリーダー職にある者が発揮する統率力」だと解釈していることです。そして、部活動のキャプテン、サークルの部長、ゼミのゼミ長といった役職経験がない人は、回答することができないと勘違いしています。中には「〇〇部で部長を務めました」「〇〇部で副部長を務めました」などと嘘をついてしまう学生もいます。しかし、企業は役職にもとづいた「リーダー職の経験」ではなく、「リーダーシップを発揮した経験」を問うているのです。役職名だけでは評価対象にならないことを理解したうえで、これまで発揮した「リーダーシップ力」についてまとめていきましょう。

ESでの出題例

あなたが他者を巻き込み、リーダーシップを発揮した経験を教えてください。（300文字以内）

今まであなた自身が周囲に影響を与えたエピソードと、そこから学んだことを教えてください。（200文字以上400文字以下）

「リーダーシップ力」の正しい解釈

　<u>リーダー職の経験がなくても、チームやメンバーのために能動的に努力したことは高評価されます。</u>部活やゼミといった大学での活動以外にも、ボランティアやアルバイトでの活動や経験についても振り返るとよいでしょう。リーダー職でなくても合格評価だった実例を紹介します。

リーダー職でなくても合格評価だったリーダーシップ経験の実例

● **部活の場合**

> 声出しやコートの準備に進んで取り組み、チームの士気を高めました。

● **ゼミの場合**

> タイムテーブルを作り、時間内に結論を出すことに貢献しました。

> 留学生のゼミ生と、活発に関われるように配慮をしました。

> ゼミメンバーとオンライン参加型の自主勉強会を企画・実施しました。

GDでリーダーシップを発揮する方法

　<u>グローバル企業や外資系企業のGDでは、リーダーシップが発揮できているかをチェックされます。</u>ほとんどの人は、GDでリーダーシップを発揮するのは難しいと考えていますが、「GDにおけるリーダーシップの発揮方法」を具体的に知っていれば、誰でも簡単に実践できます。

　リーダーシップを発揮するには、様々な方法があります。たとえば、<u>スムーズに進行できるよう、司会や書記などの役割を全員が担うように促したり、議論が偏ってきたらその反対の意見も幅広く考えたり、外国人のメンバーとのやりとりを助けたりといった言動は高評価が期待できます。タイムマネジメントを行ったり、プレゼン内容を整理したりすることも、立派なリーダーシップです。</u>状況に応じて対応していきましょう。

英語力

POINT	● 英語力が高くなくても内定は取れる ● 企業は試験や面接で英語力を確認する ● 英語面接での頻出質問を押さえる

☑ 英語力が高くなくても内定が取れる理由

　受験を希望する企業については、必ず募集要項を確認しましょう。一部の企業は、募集要項で「TOEICスコア〇〇点以上」などの受験資格を設けています。ただし、低い点数であっても内定獲得のチャンスはあります。

　前述したように、内定は総合点で決まります。「英語力」は高くなくても、「異文化コミュニケーション力」「ビジネスモデル考案力」「リーダーシップ力」など、その他の評価が高ければ内定は取れるのです。

☑「資格・検定試験」「筆記テスト」「面接」で英語力がチェックされる

　採用試験での英語力は、「資格・検定試験の成績（TOEICなど）」と「筆記テスト（SPI、その他）」でチェックされるのが一般的です。TOEICは、何度か受験して解答のコツをつかめば、スコアが飛躍的に上がります。本番までに3回くらい受けるのが理想的です。筆記テストの点数を伸ばす方法は、SPIの問題集で集中的に英語問題対策を講じること。出題傾向や解答のコツがわかると、こちらも点数が飛躍的に上がります。

　一部の企業は、これらに加えて「英語の面接」があります。英語面接の有無は、募集要項や大学キャリアセンターの内定者のレポートをチェック

したり、会社説明会で社員に聞いたりして確認しましょう。確実なのは会社説明会ですが、内定者のレポートもお勧めです。実際にどんな質問がされたかを先輩内定者が記載してくれていることがあります（本書でも内定者に聞いた英語面接での頻出質問を紹介しています。P.134参照）。

☑ 英語面接は、難易度が3段階ある

　英語面接は、難易度が3段階あります。**航空業界、ホテル業界、旅行業界で多いのは①「基本的な質問が中心の英語面接」**ですが、**大手グローバル企業で多いのは、②「大学での学業、自身の強みなどを掘り下げる英語面接」**です。また、**外資・コンサル・難関グローバル企業で多いのは、③「ビジネスモデルやバックグラウンド、リーダーシップについて掘り下げる英語面接」**です。求められる英語力は、資格・検定試験であれば、英検2級かTOEIC700点程度が目安で、①→②→③の順に難易度が高いと考えておくとよいでしょう（CHAPTER5参照）。

　英語面接については、企業は英語力を確認するためだけではなく、「話す内容」「話し方」「コミュニケーション能力」も確認しています。**英語面接に限らず、面接では「質問にしっかり答える」ということが何よりも求められます。**事前に質問を想定し、答えをまとめておくことはとても大切ですが、面接官の表情や仕草、追加でなされた質問なども意識して、面接官とコミュニケーションを取ることを心がけましょう。

Q. **私の志望企業に英語の面接がありますが、どんな準備をしたらよいでしょうか？**

A. まずは、「頻出質問を繰り返し聞き、リスニング力を高めておく」こと。多少違う言い方をされても聞き取れるようになります。次に、「頻出質問に対する回答をきちんと作っておく」ことと、「英語面接のシミュレーションをしておく」ことです。面接官役になってもらう人は、英語が得意な友人、留学生の友人、大学の英語の先生のほか、英会話スクールの先生、オンライン英会話の先生などに依頼するとよいでしょう。

先輩社員に聞いておきたい
質問リスト

　会社説明会、インターンシップ、OB・OG訪問、会社訪問、店舗見学などで、内定者が社員に聞いてとても参考になったという質問をまとめました。通常、一度に質問できるのは数問程度です。あらかじめ優先順位をつけておき、自分が知りたい内容に併せて文章をアレンジして、ぜひ質問してみましょう。

■職種の違いが確認できる質問例

①グローバル職、総合職（全国型）、エリア職の仕事内容の主な違いは何ですか？入社後の変更は可能ですか？

②研究職、技術職も、海外出張や海外赴任はありますか？

■自分と仕事との マッチング確認に役立つ質問例

①仕事で必要な能力、行動特性、経験、心構え、資格などを教えてください。

②○○職の仕事には、どんな目標がありますか？　短期的な目標、中長期的な目標を教えてください。

③1日の仕事の流れ（普通の日、特に忙しい日）を教えてください。

■入社後の待遇が確認できる 質問例

①育休、産休制度について教えてください。

②寮や社宅等はありますか？　もしくは、家賃等の補助制度はありますか？

■企業の特徴が確認できる質問例

①御社の強みは何ですか？

②御社の今後の目標（課題）は何ですか？

③同業他社との違いは何ですか？（たとえば、○○社との違いは？）

■入社後の自主努力、研修、 キャリアパスを確認する質問

①入社後に活躍できるようになるには、どのような努力をするとよいですか？

②グローバル職（営業職、事務職、企画職、技術職、その他）は、入社後にどのような研修がありますか？

③○○職の場合、キャリアパスにはどんなステップがありますか？

■入社後の配属先の確認の質問例

①□□の仕事に取り組みたいのですが、これまでに私の大学・学部・学科からその部署に配属された方はいらっしゃいますか？

②入社後に、□□の部署以外へ配属された場合、どんな努力をすると、その部署への異動が叶うでしょうか？

■仕事内容を 深く確認できる質問例

①なぜ就職先に○○業界を選んだのですか？　また、なぜ御社を選んだのですか？

②今までやってきた中で印象深い（やってよかった）仕事は何ですか？

③仕事を辞めたいと思ったことはありましたか？　なぜ、現在までこの仕事を続けてこられたのですか？

3

企業選びと業界別
内定獲得戦略

この章では、皆さんの企業選びの
ヒントになる情報を紹介します。
たとえば、グローバル企業・外資系企業は
英語力を重視しますが、実は
TOEICスコアが低くても挑戦できる企業もあります。
意外と知られていない世界一のBtoB企業や、
業界別の内定獲得戦略についても解説します。

TOEICの点数が低くても受かるグローバル企業の見つけ方

POINT

◉ ワイドエリア職やエリア職の採用枠を狙う
◉ 語学要件は募集要項や会社説明会で確認する
◉ 入社後の語学研修で伸ばす方針の企業もある

☑ 職種別採用で「ワイドエリア職（全国職）」や「エリア職」がある企業は挑戦しやすい

TOEICのスコア（英語力）が低くても、受かるグローバル企業が多数あります。その特徴として、グローバル職とその他の職種で分けた採用形態を取っていることです。**近年最も多い分け方は、①「グローバル職」、②「ワイドエリア職（全国職）」、③「エリア職」の３区分です。**①「グローバル職」は英語力が問われますが、②③の職種はまったく問われないか、問われたとしても重要性はそれほど高くありません。

企業によっては、入社後に（社内試験を受けて）ワイドエリア職やエリア職から、グローバル職に変更できる制度を設けています。これは募集要項や会社説明会で確認すればわかります。**TOEICスコアがグローバル職の基準に達していない場合は、②③などで受験して、入社後に試験を受けて職種を変更する方法もあります。**

☑ 入社後の語学研修で伸ばす方針の企業もある

グローバル企業のグローバル職、もしくは、海外業務も担当するワイドエリア職（全国職）でも、受験が許可されるTOEICスコアが比較的低い企業は多数あります。また、スポーツや課外活動でリーダー職を務めた学生

や大会で好成績をあげた学生、学業の成績が著しくよい学生、（業務に役立つ）難関資格を取得した学生は、特例としてTOEICスコアが低くても採用する企業が多数あります。

こうした**条件については、募集要項や会社説明会で確認してみましょう。**なお、これらの企業では通常、**海外業務希望の社員に対して語学研修が実施され、社員は語学力を大きく伸ばすこと**が期待されます。

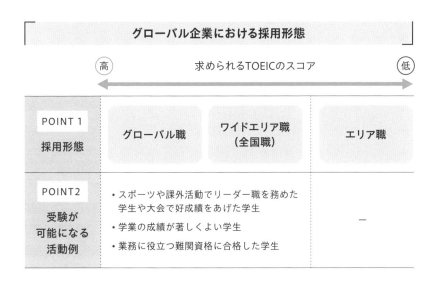

グローバル企業における採用形態

	求められるTOEICのスコア（高←→低）		
POINT 1 採用形態	グローバル職	ワイドエリア職 （全国職）	エリア職
POINT2 受験が 可能になる 活動例	・スポーツや課外活動でリーダー職を務めた学生や大会で好成績をあげた学生 ・学業の成績が著しくよい学生 ・業務に役立つ難関資格に合格した学生		ー

Q. **グローバル職志望ですが、TOEICのスコアが低く実力も自信もありません。どうしたらよいですか？**

A. TOEICスコアが低くても安心してください。400 ～ 500点台でも応募できるグローバル企業はたくさんあります。600点あれば大半のグローバル企業に応募でき、中にはスコアをまったく問わない企業もあります。800点以上を求めるグローバル企業はごく一部しかありません。しかも、そういった企業でも、ハイスコアが求められるのはグローバル職だけで、国内業務を担当する全国職・エリア職は、英語力は問わないのが一般的です。不安なら、全国職・エリア職で内定を取り、入社後にグローバル職に変更する試験を受ける方法を取るのもよいでしょう。日系グローバル企業では、海外業務ができる人員が常に不足しているので、社員に語学研修を実施していることが多いですよ。

世界一の
BtoB企業の探し方

POINT	◉ Yahoo!ファイナンスで「首位」を検索する
	◉ 知られていない業界首位の企業を見つける
	◉ 「世界シェア1位」などをネットで検索する

☑ 世界一のBtoB企業を探す方法（上場企業編）

　BtoB企業（法人を対象とした企業）は、BtoC企業（消費者を対象とした企業）と比較すると知名度は高くありません。BtoB企業は、業界首位の企業であっても一般的には知られていないことが多く、就職試験においては狙い目です。こういった企業は受験倍率が低く、比較的受かりやすいといえます。下記で紹介しているのは"世界一"のBtoB企業ですが、あなたが知らない企業は、恐らくライバル学生も知らないでしょう。

　<u>上場している世界一のBtoB企業を探すには、Yahoo!ファイナンスのWEBサイトを活用するのが大変便利。「首位」などのキーワードを入れて検索すると、各分野における世界一の企業を確認できます。</u>

世界一のBtoB企業の例：上場企業（2021年度）		
電気機器	機械	化学
ウシオ電機 （産業用ランプ）	SMC （FA空圧制御機器）	信越化学工業 （半導体シリコンウエハ）
東芝テック （POSなど流通端末）	ナブテスコ （産業ロボット用精密減速機）	住友ベークライト （半導体封止材）

☑ 世界一のBtoB企業を探す方法（非上場企業編）

非上場の世界一のBtoB企業を探す最も手軽な方法は、検索サイトで<u>**「世界シェア１位」「世界シェア首位」「世界シェアトップ」などのキーワードを入れて検索すること**</u>です。世界一の企業をリストアップしたWEBサイトが数多く見つかりますので確認してみましょう。

また、主要業界を網羅的に調べるには、業界研究に関する書籍を読むのがお勧めです。<u>**書籍によっては200業界前後が掲載されていますので、各業界のトップ企業を調べてみましょう。**</u>

Q。 **世界一のBtoB企業は、馴染みのない商品の企業がほとんどで、志望熱意が湧いてきません。**

 A。 以下の３つを試してみましょう。きっと様々な魅力に気づくはずです。

① **企業のWEBサイトで世界一の商品の説明を読み、商品の魅力を確認する**

② **志望職種の社員紹介ページを読み、仕事の魅力を確認する**

③ **世界一のBtoB企業で、<u>働きやすさを追求する</u>**

働きやすさを確認するポイント

福利厚生	高賃金
残業の少なさ	有給休暇取得日数の多さ
育児休暇・時短勤務・子育て支援制度の拡充	平均勤続年数の多さ
離職率の低さ	社員寮、社宅、家賃補助の充実

特定の国で働きたい場合の企業の見つけ方

POINT
- ◉ 志望企業のWEBサイトで海外支社を調べる
- ◉ 各国の日本商工会議所のWEBサイトを調べる
- ◉ スカウト型求人サイトで希望勤務地をアピール

☑ 志望企業のWEBサイトや会社説明会、検索サイトで海外支社を確認する

特定の国で働きたい場合、志望企業のWEBサイトや会社説明会で海外支社の国を確認します。赴任するには、どんな要件（語学力、職種、部署、入社何年目など）を満たす必要があるかも確認しましょう。

検索サイトで「企業名」と「海外支社」「海外拠点」「海外進出国」などのキーワードで検索すると、海外支社のWEBサイトが見つかります。また、「国名」と「日系企業」「日本企業」「進出企業」などのキーワードで検索すると、研究機関が制作した資料が見つかることがあります。その場合は支店・拠点が実際に設置されているかをチェックしてみましょう。

☑ 各国の日本商工会議所のWEBサイトや『就職四季報』で調べる

多くの日本企業が進出している国には、日本商工会議所も進出しており、その国に進出している日本企業も現地の日本商工会議所の会員であることが多いです。そのため現地の日本人商工会議所のWEBサイトに掲載された会員リストを閲覧すると主だった企業がわかります。また、『就職四季報 総合版』には、約1000社の日本企業の「海外勤務地とその人数」が

掲載されています。

日本商工会議所：在外日本商工会議所のWEBサイトリスト https://www.jcci.or.jp/international/jcci-overseas.html			
欧州地域	19カ所	アジア地域	30カ所
北米地域	19カ所	大洋州地域	8カ所
中南米地域	14カ所	アフリカ地域	3カ所

※WEBサイト内のリンクが切れている場合は、「在〇〇国　日本商工会議所」で検索すると見つかることが多い。

☑ スカウト型求人サイトで希望勤務地を伝える

　スカウト型求人サイトでは、自己紹介欄を各企業がチェックし、自社の求める人物像に合った求職者にアプローチします。グローバル企業が多いことを売りにしたスカウト型求人サイトを利用するとよいでしょう。自己紹介欄に勤務・赴任を希望する国を書き、その国で働きたい理由を具体的に書くと、希望に合う企業からスカウトされる確率が上がります。

スカウト型求人サイトでの自己アピール例

- ●「〇〇国への留学経験があるため」
- ●「〇〇国との交流イベントに参加した経験があるため」
- ●「〇〇国の留学生の知人が多く、ビジネスに役立つ知見を得たため」
- ●「大学の授業で〇〇国に関する研究をしたため」
- ●「公用語である□□語について学んだため」（□□語検定△級を取得）

☑ 日本に進出済みの「働きたい国に本社がある 企業」に就職する方法もある

　日系企業にこだわらないのであれば、日本に進出している「働きたい国の企業」に就職するのもお勧めです。「ドイツ企業 在日」「ドイツ企業 日本支社」などのキーワードで検索すればドイツの企業をリストアップできます。アプローチする企業を選び、「日本支社ではなくドイツで働きたい」、あるいは「日本支社とドイツで働きたい」とアピールしてみましょう。

☑️ 転職の場合は、海外案件を扱う 転職求人サイトを活用する

　転職先として日本以外の国を考えている人は、海外案件を扱う転職求人サイトを活用しましょう。

　転職の場合は、実務経験やスキル、語学力をしっかりアピールできることが成功のカギとなります。なぜなら、グローバル企業や外資系企業の社風は、年功序列ではなく実力主義のため、即戦力としての活躍が求められているからです。

　グローバル企業や外資系企業の場合、海外市場の開拓や顧客の深掘りなど、自然災害・事件・政治的な変化による影響も考慮しつつ、事業の拡大を図ります。そのため、スピード感や社会情勢に伴う事業撤退など、日々の目まぐるしい変化に、柔軟に対応していける人物でなければなりません。自己管理や時間管理はもちろん、**転職希望者の場合は、これまでのマネジメント経験や実績がチェックされますので、前職で担当したプロジェクトや所属部署でのマネジメント経験などを整理しておきましょう。**

　また、マネジメント経験のほか、数字を使った具体的な実績についてもまとめておくとよいでしょう。営業職であれば、新規開拓営業の開拓件数や顧客担当数、営業成績などについて触れ、まとめておくことがお勧めです。新卒採用と違い、中途採用は採用試験の難易度がより上がるため、これまでの実績を伝えられるように準備を進めておきましょう。

Ｑ。　私はイタリアが好きで、イタリア語の勉強をしていますが、ビジネスレベルにはなっていません。イタリア支社で働くことはできるでしょうか？

Ａ。　海外ビジネス拡張に力を入れているグローバル企業は、海外赴任や海外出張ができる社員を常に求めています。企業にこだわらず、広く探せば大丈夫です。まずはイタリアに支社・拠点がある企業を調べ、リストアップしてください。連絡先を調べ、各企業に「将来イタリア支社で働きたい」とアプローチし、内定後にイタリア語の勉強に力を入れましょう。

04

経営が安定している 企業の見つけ方

POINT	◉業界研究書籍で売上高と利益をチェックする
	◉企業のWEBサイトで経営状態を確認する
	◉上場企業は市場区分も確認する

☑ 業界研究書籍の 「売上高」「利益の増減」を確認する

　経営の安定している企業を見つけるためには、まずは『会社四季報』などの業界研究書籍をチェックしてみましょう。

　各社の解説文には「売上高」と「営業利益（または純利益）」の項目があり、前年同期と比較して、増加は「↑」、減少は「↓」の矢印が付記されています。この矢印の向きで、経営状態が端的にわかります。

　なお、売上高や営業利益（または純利益）が減少している企業の場合は、その減少理由も書かれています。減少理由が一時的なものや改善努力が進んでいるものであれば、応募をやめる必要はないと判断できます。

☑ 上場企業は、Yahoo!ファイナンスで 「業績」をチェックする

　上場企業の場合は、「Yahoo!ファイナンス」のWEBサイトやアプリでも各社の「売上高」と「営業利益（または純利益）」の推移を確認できます。トップページ上部にある検索ボックスに企業名を入れると確認したい企業のページにたどり着けます。その上部にある「業績」のタブをクリックすると 10期分の推移を示したグラフが表示されるので便利です。**グラフは**

全体が右上がりのトレンドであることが望ましいでしょう。 無料で使用でき、容易に企業情報のチェックができるのでお勧めです。

上場企業の業績例

	2023年3月期	2022年3月期
決算日	2022年3月31日	2021年3月31日
売上高	1,700,000千円	
営業利益	600,000千円	
税引前利益	660,000千円	
当期利益	660,000千円	
総資産	3,700,000千円	
自己資本	3,000,000千円	
自己資本比率	81.08%	79.03%
資本金	10,000千円	10,000千円

> たくさん数字が並んでいるが、まずは**売上高**と**営業利益**に注目する。前年度、一昨年度と比較した推移をチェックして、順調に増えているのが望ましい。

☑ 企業のWEBサイトで経営状態を確認する

　上場企業の場合は、WEBサイトにあるIR情報（株主・投資家情報）のセクションに「アニュアルレポート」「経営計画」「決算報告」「株主通信」といった資料があります。 業績に関するデータや説明があるので、こちらもチェックしておきましょう。なお、非上場企業の場合は、業績のデータを公表していないことが多いため注意が必要です。また、企業のWEBサイトには「プレスリリース」という形で、新商品情報や開発に至った経緯などがまとめられていますので、あわせて確認しましょう。

☑ 「上場企業=大手企業」ではない点に注意

　現在、東京証券取引所では、上場企業を「プライム市場」「スタンダード市場」「グロース市場」の3つの市場に分けています。 以前は「東証一部」「東証二部」「マザーズ」「JASDAQスタンダード」「JASDAQグロース」

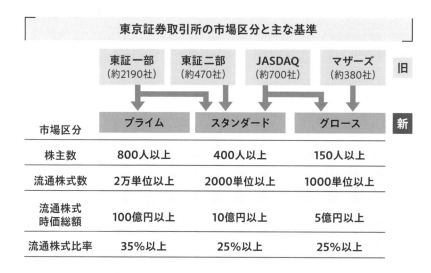

の5つの市場で分類をしていましたが、それぞれの市場のコンセプトが不明瞭であるなどの理由により、2022年4月4日より再編成が行われました。

各市場区分のガバナンスを強化したうえで、「プライム市場」と「スタンダード市場」は、株の売買にまつわる株主数や時価総額などの基準を再設定しました。また、**「グロース市場」は、これまでより上場基準を緩やかにし、今後高い成長が見込める企業の市場として再設定しています。**上場企業と聞くと、大手企業を想像する人が多いかもしれませんが、決してそうではないのです。

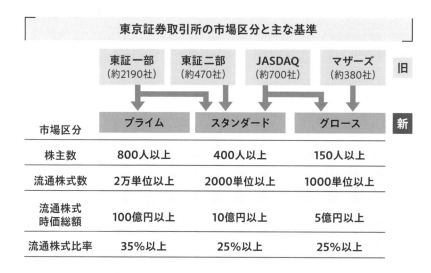

東京証券取引所の市場区分と主な基準

| | 東証一部
（約2190社） | 東証二部
（約470社） | JASDAQ
（約700社） | マザーズ
（約380社） | 旧 |

市場区分	プライム	スタンダード	グロース	新
株主数	800人以上	400人以上	150人以上	
流通株式数	2万単位以上	2000単位以上	1000単位以上	
流通株式 時価総額	100億円以上	10億円以上	5億円以上	
流通株式比率	35%以上	25%以上	25%以上	

Q。 **志望企業の業績が、最新の売上高は増え、営業利益は減っていました。こうした場合は、第一志望にしても大丈夫でしょうか？**

『会社四季報』などの業界研究書籍の解説記事を読み、営業利益の減少理由と「来期の売上高と営業利益（いずれも予想値）」が上昇傾向にあるかを確認しましょう。たとえば、「営業利益の減少は、パンデミック下の経費増大による一時的なもので、来期以降の予想値は右肩上がりになる」などと書いてあったら、ひとまず安心です。会社説明会等を通じて、企業研究を深めましょう。

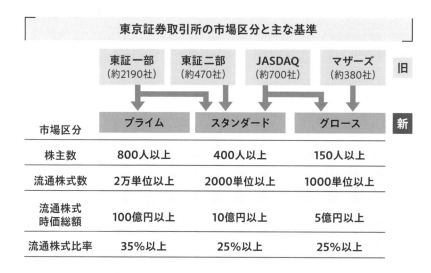

外資系企業と日系企業の効率的な併願パターン

POINT

- ◉ 日系企業優先型→同業界の外資系企業を併願
- ◉ 外資系企業優先型→競合する日系企業を併願
- ◉ 海外留学生はボスキャリ・ロンキャリを活用

☑ 日系企業優先型の人は、日系志望業界と同業界の外資系企業を併願

　<u>日系企業を第一志望としていて、外資系企業にも興味がある人の効果的な併願パターンは、志望する日系企業と同業界の外資系企業を受験することです。競合関係にある外資系企業だと、なおよいでしょう。</u>

　日系企業の面接では、次のような質問が頻出します。「当社が競合他社に勝つためには何をすべきですか？」「当社が世界でシェアを高めるには何をすべきですか？」「なぜ競合他社ではなく、当社を志望するのですか？」などです。

　競合する外資の事業内容や経営計画を研究して得た知見を根拠にすると、これらの質問に対して説得力のある答えができるようになります。

☑ 外資系企業優先型の人は、夏インターンで徹底攻略＋競合の日系企業を併願

　外資系企業を優先する場合は、大事なポイントが2つあります。1つ目は、採用活動の時期が2つあるため注意が必要なこと。2つ目は、日系企業と比べ採用試験の難易度が高く、狭き門であることです。**外資系企業は退職者や求職者による欠員が少ない点に留意しましょう。**

外資系企業を優先する場合のポイント	
ポイント1： 採用活動の時期 **採用活動の時期を 早めに確認する**	日本人学生の採用に力を入れている外資系企業は、採用活動の時期が2種類ある。 ①日系企業とほぼ同じスケジュール ②学部生3年次の5〜8月の時期のみ ②の場合は、**時期を逃すと応募ができないため**、募集要項をできるだけ早くチェックすることが重要。
ポイント2： 併願企業の選定 **日系企業を併願する**	外資系企業の採用活動は、次の理由で、日系企業より狭き門になる。 ①日系企業より採用人数が少ない ②再受験を認めていないケースが多い 外資系企業志望者は、できるだけ早く試験対策を開始することが重要。**万が一、落ちた場合に備え、併願する日系企業を決めておくとよい。**

☑ 海外留学生や日英バイリンガルの人は、ボスキャリ、ロンキャリを活用する

　海外大学に留学経験のある学生、日本語・英語の両方に堪能な学生（日英バイリンガル）は、「ボストンキャリアフォーラム（ボスキャリ）」「ロンドンキャリアフォーラム（ロンキャリ）」の参加もお勧めです。

　この2つのフォーラムは、面接試験などを実施し、選考試験を最終段階まで一気に進める企業が多数あります。通常は現地で開催されますが、オンラインで開催されることもあるため、ぜひ活用してみてください。

●**ボストンキャリアフォーラム（例年11月にボストンにて開催）**
　→https://careerforum.net/ja/event/bos/
　WEBサイトは8月中にオープン。参加企業は11月に向けて順次増えていく。

●**ロンドンキャリアフォーラム（例年4月にロンドンにて開催）**
　→https://careerforum.net/ja/event/ldn/
　WEBサイトは1月中にオープン。参加企業は4月に向けて順次増えていく。

人気業界別内定獲得戦略

POINT	◉ 業界ごとの特徴と注目されるポイントを確認
	◉ 返答に困る要注意質問は、質問意図を理解して 自分の答えを用意しておく

☑ 志望する業界別のポイントを押さえる

　ここからは、内定獲得のために押さえておきたい内容を就活生に人気の業界別に紹介します。**業界の特徴や注目されるポイントは必ず押さえておきましょう。** また、就活生や転職希望者が実際に面接試験を受けた際に返答に困った要注意質問も掲載します。**質問の意図を確認し、自分なりの答えを用意して、口に出して練習しておきましょう。**

☑ まずは頻出の質問を押さえる

　面接で聞かれる質問は、業界ごとに頻出のものもあれば、グローバル企業・外資系企業を志望するなら**業界を問わず対策が必要なものもあります。** 次の要注意質問は、どの業界を志望する人も必ず対策を立てましょう。

業界を問わず対策したい要注意質問	
Q1　当社は第一志望ですか？	**Q2　当社に興味を持ったきっかけは 　　　何ですか？**
質問意図	質問意図
本気で自社を志望しているか。二次面接以降は合否を左右する質問なので要注意。	自社が第一志望かどうか。志望職種の仕事へ取り組みたくなったきっかけを伝える。

Q3　他社の選考状況は?

質問意図

自社の位置づけと、最終的に自社に入社するかどうか。

Q4　当社でどんな夢を実現したいですか?

質問意図

自社の経営計画を把握し、新規性・収益性の高いビジネスモデルを考案できるか。

Q5　当社の課題(改善すべき点、弱み、今後必要な事業)は何ですか?

質問意図

社員目線でも自社の研究をしているか。経営計画やアニュアルレポートを参照する。

Q6　当社が海外市場でシェアを高めるためには何が大切だと思いますか?

質問意図

グローバルな視点で、自社のビジネスを研究しているか。

Q7　当社の好きな商品をいくつか挙げてください。

質問意図

自社が第一志望かどうか。好きな商品だけでなく、必ず理由も添えて述べるとよい。

Q8　当社の商品(製品)は他社の商品とどう違いますか?

質問意図

自社の商品の強みをきちんと調べているか。第一志望かどうか。

Q9　当社の海外の競合企業は、ご存じですか?

質問意図

自社のビジネスをグローバルな視点で研究しているか。

Q10　当社の(商品の)売上を増やすにはどうしたらよいと思いますか?

質問意図

ビジネスモデル考案力のチェック。経営計画に沿ったアイデアが高評価。

Q11　小学生、中学生、高校生の頃は、どんな子どもでしたか?

質問意図

自社で役立つ資質、考え方、行動特性などを幼少時から高め続けているか。

Q12　挫折経験(失敗経験)はありますか?　どう乗り越えましたか?

質問意図

挫折(失敗)にめげず、むしろその失敗を糧にして自己成長する人か。

Q13　あなたが一番成長したと感じる経験を教えてください。

質問意図

その経験を通して、自社の仕事に役立つ資質やスキルを高めたか。

Q14　あなたが自覚している弱みは何ですか?

質問意図

弱みを強みに変える向上心を持っているか。心がけている改善策についても話すこと。

☑ 総合商社・専門商社・海運業界

　総合商社は、日系グローバル企業の人気No.1業界のため、受験倍率が非常に高いです。採用試験では語学力よりもビジネスモデル考案力や異文化コミュニケーション力が重視されます。語学力は入社後の語学研修でフォローしてくれることも多いので、総合商社に興味がある人は、受ける前から諦めず、挑戦してみましょう。また、総合商社のグループ会社の場合、企業理念の根幹は同じですが、総合商社のように事業領域がまったく異なる部門が多数あるわけではなく、事業領域がある程度定まっています。各グループ会社もチェックしておきましょう。

　専門商社は、売上高上位企業をジャンル別に把握しましょう。専門商社には、鉄鋼、機械、食品、繊維、医薬品、電子・半導体、日用品・化粧品などの分野があります。大学での専攻分野や自分の興味・関心のある分野などから、複数の企業を選んで受験するとよいでしょう。

　海運は、船で物資を運ぶ海上輸送サービスで、人気の高い業界です。売上高が上位の企業を把握し、各社の強みを確認して志望企業を選択するとよいでしょう。海運は売上高のほかに、保有している船舶の数に注目しましょう。船舶保有数が多いほど、大きく事業を展開しているといえます。また、取り扱う物資により、船舶の種類も異なります。

総合商社・専門商社・海運業界の要注意質問

Q1　あなたのどんなところが当社の仕事に向いていますか？

質問意図

自社の仕事内容を具体的に研究し、自己の適性とすり合わせをしているか。

Q2　他社ではなく、当社でなければならない理由は？

質問意図

他社との比較研究をしたうえで、自社が明確に第一志望になっているか。

Q3　海外から見た日本の価値は何だと思いますか？

質問意図

グローバルな視点で日本（日本経済、日本市場、日本企業等）を捉えているか。

Q4　最近、関心のある社会問題は何ですか？

質問意図

自社や業界内の問題に関心があるか。

☑️ 金融・コンサルティング・不動産（デベロッパー）業界

　金融・コンサルティング（コンサル）・不動産（デベロッパー）の３業界は、仕事の影響力やスケールの大きさから**併願する学生が多くいます。**企業のWEBサイトや業界研究書籍、就職情報WEBサイト、大学キャリアセンターの内定者実績情報などに目を通して、**志望企業を数多くリストアップ**し、業界や企業の近年の傾向や特徴をチェックしましょう。

　金融業界では、**メガバンクが海外事業を積極的に推進**し、海外収益比率はすべて30％以上です。生命保険会社も海外事業の拡充に力を入れており、メガ損保※の海外売上高比率もすべて30％を突破しています。

　コンサル業界の企業は、外資系と日系があり、戦略系・IT系などコンサルティングの内容・範囲で業務内容が異なります。たとえば、マーケティング戦略や新規事業戦略などを行う戦略系コンサル、M＆Aや財務戦略を行う財務系コンサル、医療機関に対してオペレーションの改善やIT支援などを行う医療系コンサルなどがあります。

　不動産業界も、近年は海外事業に力を入れており、欧米での大型開発事業、中国やインドでのオフィスビル開発など、大手各社が積極的に海外事業を展開しています。一方、海外の賃貸事業では日本のような新築が好まれる文化がなく、日本の技術の活かし方が課題になっています。

※メガ損保とは、SOMPOホールディングス、東京海上ホールディングス、MS&ADインシュアランスグループホールディングスの3つの損害保険業ホールディングスを指す総称。

金融・コンサルティング・不動産業界の要注意質問

Q1　信頼関係を築くうえで、心がけていることや行動はありますか？

質問意図

日頃から周囲との信頼関係を大切にした行動をしているか。

Q2　人と意見がぶつかったときはどうしますか？

質問意図

説得力や交渉力はあるか。実例も聞かれるので、準備しておく。

Q3　苦手なタイプはどんな人ですか？どうやって対応しますか？

質問意図

どんな相手でもきちんと対応できる人か。苦手克服の実例を話すとよい。

Q4　あなたのスマートフォンを購買欲がそそるように営業してください。

質問意図

商品の長所と相手のニーズを結びつけ、説得力のある話を組み立てられるか。

☑️ 食品、食品卸、コンビニ・スーパー・（食品を扱う）小売り業界

　食品、食品卸、コンビニ・スーパー・（食品を扱う）小売り業界は、「食」という共通点があるため多くの就活生が併願します。他業界と同様、企業のWEBサイトや業界研究書籍、就職情報WEBサイト、大学キャリアセンターの情報などから、志望企業をたくさんリストアップし、業界や企業の近年の傾向や特徴をチェックしましょう。

　食品業界は、日本の人口減少に直接的な影響を受けます。そのため、海外市場の開拓に力を入れる企業が多数あります。たとえば、調味料・加工食品業界では、海外売上高比率が既に70％超えの売上上位企業もあります。**食品卸業界の企業は、食品業界のBtoB企業。企業名すら知らない学生が多く、実は狙い目です。**売上上位企業の多くが食品の輸出入を積極的に行っています。

　一方、コンビニ・スーパー・小売り業界では、**コンビニ大手企業のすべてが海外進出に力を入れており、海外店舗数を着々と増やしています。**スーパー・小売り業界も多くの企業が海外業務に力を入れています。ただし、食品業界は製造・流通・文化の違いによる影響を受けやすく、国内の成功例やノウハウが通用しない場合もあるため、海外市場でシェアを占める企業は日本国内でのシェアと大きく異なる場合もあります。

食品、食品卸、コンビニ・スーパー・（食品を扱う）小売り業界の要注意質問

Q1　あなたの食へのこだわりを聞かせてください。

質問意図

どの程度の志望度か。受験する企業が扱う食品や商品を述べることが大切。

Q2　当社の新商品のアイデアを述べてください。

質問意図

最近のトレンド、消費者のニーズ、自社の強みを理解しているか。

Q3　体力に自信はありますか？その根拠は？

質問意図

仕事をこなせる体力があるか。スポーツ経験や日常的なエクササイズ習慣が高評価。

Q4　企業の社会的責任とは何だと思いますか？

質問意図

食に関する企業が担う社会的責任を理解しているか。各社の企業理念を確認しておく。

✓ 日用品・化粧品、化学・素材、石油、繊維・塗料、ガラス、タイヤ業界

　日用品・化粧品、化学・素材、石油、繊維・塗料、ガラス、タイヤ業界は、化学系・製造系という共通点があるため、多くの就活生が併願します。まずは志望企業のリストアップを行い、企業研究を進めましょう。**企業研究を進めることで、業界内でのポジションや強みが見えてきます。**

　日用品・化粧品類は、売上高が人口の多さに比例する傾向があるため、海外進出に意欲的な企業が多いです。商品が一般消費者向けで知名度があり、就活生にも人気の企業が多いため、この業界に興味がある人は、特に多くの企業を研究して志望企業を定めましょう。

　化学・素材系の企業の多くは、高付加価値化製品の開発に努め、グローバル化も大幅に進展しています。繊維・染料も、人口の多さに比例して消費量も多い傾向があり、海外諸国への進出意欲が高まっています。

　ガラスは、電子機器用、住宅用、自動車用など用途が非常に幅広いです。**ガラス業界の日系企業には世界トップクラスのシェアを持つ企業も多いですが、競争倍率は比較的低いため、興味・関心のある学生や転職希望者には狙い目の業界といえます。**一方、タイヤ業界は電動自動車への移行後も買い替えの循環需要があります。**商社・自動車・自動車部品系企業との併願者も多いのが特徴です。**

日用品・化粧品、化学・素材、石油、繊維・塗料、ガラス、タイヤ業界の要注意質問

Q1　当社の好きな商品（製品）についてどう思いますか？

質問意図

本気で自社を志望しているか。様々な新旧定番商品、最新商品を述べるとよい。

Q2　"モノづくり"についてどう思いますか？

質問意図

どの程度の志望度か。商品開発に奮闘した記事などの感想を話すと好印象。

Q3　当社の会社説明会の印象を教えてください。

質問意図

どの程度の志望度か。会社説明会で聞いた内容などを話すと好印象。

Q4　あなたは当社で、どんな貢献ができますか？

質問意図

志望職種において、短期的と長期的の視点で貢献できることを考えているか。

☑ 電気・電子部品、機械、ロボット、半導体、プリンター、医療機器、輸送機器業界

　これらの業界は電気・機械系という共通点があり、併願する就活生が多いです。理系分野の企業でも多くの文系人材が採用されており、**理系人材は大学の専門とは異なる分野の業界・企業でも知見を役立てて内定を取る人が多いです。**業界を選んで志望企業をリストアップし、業界・企業研究を進め、各企業の業界内でのポジションや強みを探りましょう。

　電気・電子部品業界は、グローバル化を積極的に推進する企業が多く、**海外売上高比率が総じて極めて高いのが特徴です。**大半がBtoB企業なので、志望企業選びは知名度よりも業務内容を重視しましょう。**機械・ロボット業界はグローバル企業の志望者でもチェックしている人が比較的少なく、狙い目の業界**といえます。**半導体業界の企業も海外売上高比率が極めて高い**のが特徴です。半導体作りに欠かせない製造装置や材料を提供する企業は、グローバルな販売網を強固に築いています。

　プリンター業界は製造業を、医療業界は高齢社会に対応した企業を志望する学生にそれぞれ人気が高いです。どちらも海外売上高比率の高い企業を中心に検討しましょう。**輸送機器業界の企業は、グローバルな幅広い販売網を築き上げています。**BtoCだけでなく、BtoBの部品系企業にも世界トップクラスの技術・シェアを持つ企業がたくさんあります。

電気・電子部品、機械、ロボット、半導体、プリンター、医療機器、輸送機器業界の要注意質問

Q1　お客様に選ばれる商品（製品）にするには、何が大切だと思いますか？

質問意図

どの程度の志望度か。志望職種の社員が仕事で努力していることを話すと好印象。

Q2　当社の商品（製品）は他社の商品とどう違うと思いますか？

質問意図

第一志望かどうか。自社の商品の強みをきちんと調べておく。

Q3　当社の売上高、資本金、株価はいくらかご存じですか？

質問意図

自社が第一志望かどうか。社長の氏名、主力商品名なども確認しておく。

Q4　最近、気になったニュースは何ですか？

質問意図

どの程度の志望度か。プレスリリースや志望企業の記事を読んでおくとよい。

☑ 広告、テレビ、出版、玩具、ゲーム、ITサービス、通信、ソフトウェア業界

これらの業界は**クリエイティブな創造力が発揮でき、多くの学生が複数の業界を併願します。**グローバルな事業展開や、海外市場に活路を求める流れは今後も変わらないと考えられますが、企業ごとに業務内容が異なるので、早めに志望企業をリストアップして企業研究を進めましょう。

広告は、日系企業の海外でのサポート（マーケティングなど）や、外資系企業の国内外でのサポートなどに興味がある学生にお勧めの業界です。採用試験では、ビジネスモデル考案力が特に重視されます。テレビ局は世界各国でのソフト販売のほか、海外のテレビ局・映像制作会社との共同制作、国際放送の拡充、海外発信力の強化に努めています。出版業界も、海外進出する企業が増えており、大手の出版社では専門部署を設けています。

玩具やゲームも、海外展開が盛んな業界です。**グローバルな知見やビジネス目線を持ち、売れる商品の開発や新しい市場を開拓できる人材が求められている**点を押さえておきましょう。

ITサービス、通信、ソフトウェア業界は、成長率の高さや市場規模の大きさから人気が高い業界です。**採用試験で特に重視されているのは、論理的な思考力です。**自己PR、学生時代に力を入れたこと（転職希望者の場合は実績や成果）は、客観的な事実や数字にもとづいた説明を心がけましょう。

広告、テレビ、出版、玩具、ゲーム、ITサービス、通信、ソフトウェア業界の要注意質問

Q1 当社の強みは、何だと思いますか？
質問意図
第一志望かどうか。志望企業の商品の強みをきちんと調べておく。

Q2 当社のWEBサイトを改善するとしたら、どうしますか？
質問意図
クリエイティブな思考を持っているか。

Q3 よく見ているWEBサイト、雑誌、媒体は何ですか？
質問意図
自社のビジネスに関連する最新情報に幅広くアンテナを張っているか。

Q4 最近、あなたの心をつかんだものは何ですか？
質問意図
自社のビジネスに関連する最新情報をきちんと押さえているか。

外資系企業の内定獲得戦略

POINT	◎ 外資の採用試験で一番重要なのは「志望理由」
	◎ 志望先が定まらない人は志望企業の幅を広げる
	◎ 志望企業が決まったら英語要件を必ず確認する

☑ 外資系企業の採用試験で最も重要なのは「志望理由」

　外資系企業全般の採用試験で最も重要なのは、「志望理由」の組み立て方です。**採用担当者は「なぜ外資系企業である自社を志望するのか？」を最も気にしています。**志望理由は次のように組み立てましょう。なお、STEP2の「企業のWEBサイトの活用」については、たいてい英語版と日本語版の2種類あります。英語版を読むのが苦手という場合には、翻訳サイトや翻訳アプリを活用しましょう。

志望動機の組み立て方

STEP 1 業界研究書籍の活用	有力外資系企業について、事業内容、世界的な位置づけなどが解説されている。これらの情報をもとに志望理由を考える。
STEP 2 企業のWEBサイトの活用	下記の内容は、志望理由の中身を具体的に書く際に役立つため、積極的に活用する。 ・社長メッセージ　・事業内容 ・企業理念　　　　・経営計画 ・社史（設立経緯）・プレスリリース

☑ 志望先が定まっていない場合は 志望企業の幅を広げる

　外資系企業の志望先が定まっていない場合は、志望企業の幅を広げましょう。**業界研究書籍は、有力外資系企業を全業界にわたって網羅的に探すことができて大変便利です。**また、就職情報WEBサイトや大学キャリアセンターにある先輩の内定先データを活用したり、志望業界の外資系企業をネット検索したりするなどして、志望企業の幅を広げましょう。

☑ 外資系企業で問われる英語レベルは 企業や職種によって大きく異なる

　外資系企業で問われる英語レベルは、企業や職種によって大きく異なります。外資系企業で働く場合、①「外資系企業の本社」、②「日本法人の外資系企業」、③「外資系企業と日本企業の合弁会社」ごとに異なります。一般的に①②③の順に高い英語力が求められ、高い英語力が求められる企業は勤務地が海外となる傾向にあります。

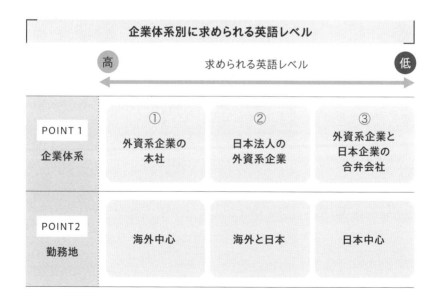

企業体系別に求められる英語レベル		
高 ←　求められる英語レベル　→ 低		
POINT 1 企業体系	① 外資系企業の本社	② 日本法人の外資系企業	③ 外資系企業と日本企業の合弁会社
POINT2 勤務地	海外中心	海外と日本	日本中心

内定者実例を活用したのに
選考を通過できない人へ

「様々な就職情報WEBサイトに志望企業の内定者の志望動機や自己PR、ガクチカの文章が載っているので、自分の状況に合った内容を真似して書きました。ところが、ESすらあまり通過せず、面接も一次・二次で落とされてしまいます。内定者と同じ内容なのになぜでしょうか？」

これは、就活生から最近非常によく聞かれる質問です。**インターネット上に掲載されている内定者の志望動機や自己PR、ガクチカをそのまま利用しても、残念ながら選考には受かりません**。理由は3点です。

❶ 実は、内定者のオリジナルの文章ではないものが大半。

こうした文章は、掲載後のトラブル回避と個人情報保護のため、具体的な個人情報や個人が特定される可能性がある内容は通常すべて削除、もしくは抽象的な言葉への置き換えや、個人情報が書かれていない部分だけを抽出など、改変したうえで掲載されています。そのため、**文章の説得力を高めていた具体的な情報が欠けているのです。**

❷ 文章は不合格レベルでも（別要因で）内定を取っている学生は多い。

近年の採用試験は面接重視で、ESの志望動機・自己PR・ガクチカは不合格レベルなのに最終的に内定を取るケースが非常に多いです。面接官の評価対象は、志望動機・自己PR・ガクチカだけではなく、大学の専攻・ゼミ・研究内容、資格の有無、TOEICのスコア、課外活動での役職や成果、面接やGDの印象などをチェックして、**総合的に合否判断をしているからです。**

❸ 自分で企業研究・自己分析して書いた内容でないと、
　面接での掘り下げ質問で、言葉に詰まってしまう。

面接試験では、「その理由は？」「具体的には？」「その目的は？」「失敗したことは？」「工夫したことは？」「この体験で得たことは？」などの細かい掘り下げ質問が次々と問われます。**自分で企業研究して書いた志望動機や自分で自己分析して書いた自己PR・ガクチカでないと、こういった質問には対処できません。**

内定者の志望動機・自己PR・ガクチカと書かれていても、そのまま真似して書くのは危険です。参考程度にとどめて、具体的な情報を補い、面接での掘り下げ質問の対策とセットで準備し、合格を勝ち取りましょう。

インターンシップに
参加する

インターンシップへの参加は、
学生にとって様々なメリットがあります。
本章では、インターンシップの種類と特徴、
応募する企業の選び方と選考を突破するための
戦略について解説します。
早めに準備して、本選考にも活かせる情報を手に入れましょう。

インターンシップに参加する メリット

POINT
- ◎ 志望企業選びに役立つ知見が得られる
- ◎ インターンシップ参加で採用試験が有利になる
- ◎ 学生時代に学んでおくべきことがわかる

☑ 志望企業選びに役立つ知見が得られる

インターンシップに参加すると、**企業の志望職種における仕事内容の確認ができ、志望企業選びに役立つ知見が得られる**というメリットがあります。企業によっては、志望職種の社員と話ができたり、職場の様子を見学できたりします。社員に質問できる時間もあるので、聞きたいことは必ず確認しましょう。

☑ 採用試験で有利になる

インターンシップへの参加は、「採用試験で有利になる」というメリットもあります。約半数の企業は、参加態度が意欲的だったり、活躍しそうな行動が見られたりした学生には、右ページのような優遇策を与えます。

また、**インターンシップに参加したこと自体が志望熱意の高さの証明になる**ため、参加学生に優遇策を与えていない企業でも、採用試験で有利になります。加えて、インターンシップで学んだことを根拠にして志望動機や自己PRを組み立てると、非常に説得力の高い内容になります。なお、グローバル企業や外資系企業のインターンシップは、ほかの業界と比べて応募締め切りが早い傾向にあるため、注意しましょう。

優遇その1 早期選考	一般学生よりも早い時期に選考試験を実施する
優遇その2 一部の 選考試験の免除	本選考の際に、ESや一次面接など、一部の選考試験を免除する
優遇その3 特別セミナーに 参加できる	社員との懇親会、社内の見学会、上級インターンシップ、プレミアムインターンシップ、面接練習会など、企業によっては特別セミナーや懇親会と称して実際には早期選考を実施していることもある

☑ 学生時代に学んでおくべきことがわかる

　学生の場合は、**仕事体験型のプログラムに参加すると学生時代に学んでおくべきことがわかります。仕事体験型でない場合でも、社員に質問すればOK。**その内容をもとに、残りの大学生活の時間を有意義に使うことができます。

近年のインターンシップの傾向

　インターンシップは、興味がある企業や業界が同じ就活生と知り合えるのも大きなメリットです。

●1・2年生も参加できる！

　近年のインターンシップは、1年生・2年生も参加可能にしており、参加できるか否かは、募集要項に書かれています。学業に忙しい人は、短期間（1日から3日程度）のインターンシップを選ぶようにするとよいでしょう。

●地方在住・海外在住の学生も参加できる！

　新型コロナウイルスによるパンデミック以降、各企業はオンラインでインターンシップを実施するようになりました。これによって、地方在住の学生にも、留学や研修などで海外に在住している学生にも、参加チャンスが広がりました。

　現地（自宅や大学施設）から参加することができ、移動の必要がないので交通費もかかりません。

インターンシップの種類

POINT
- オンライン開催と対面開催の2つに大別される
- 企業説明会型・早期選考型・就業体験型・海外開催型の4つに大別される

☑ インターンシップの種類

　近年のインターンシップの実施形式は、オンライン開催と対面開催の2つに大別されます。**大手企業、グローバル企業の場合は、海外留学中の学生や地方の意欲的な学生にも参加してもらうために、対面開催だけでなく、オンライン開催を積極的に実施する事例が多くなっています。**

　インターンシップの内容と期間は、以下の「企業説明会型」「早期選考型」「就業体験型」「海外開催型」の4つに大別されます。

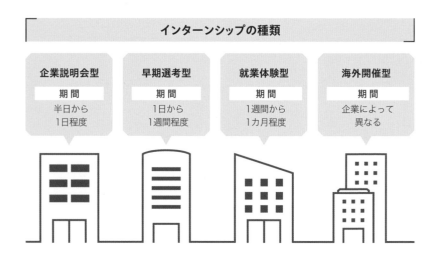

インターンシップの種類

企業説明会型	早期選考型	就業体験型	海外開催型
期間	期間	期間	期間
半日から1日程度	1日から1週間程度	1週間から1カ月程度	企業によって異なる

各インターンシップの特徴

●企業説明会型

期　間	半日から1日程度
ポイント	・日系の大手企業に多く見られる
	・一般的な企業説明会より時間が長く、内容が充実している
	・質疑応答時間が長く設定されており、様々な質問ができる

●早期選考型

期　間	1日から1週間程度
ポイント	・日系の大手企業に多く見られる
	・インターンシップ中、ES、面接、GD、SPIテストなどの選考試験が課される
	・「選考には関係ありません」のただし書きはあっても、実際は2社に1社の割合で、選考を兼ねている場合が多い

●就業体験型

期　間	1週間から1カ月程度
ポイント	・日系の中堅企業に多く見られる
	・就業経験を多く積むことができる
	・期間が3カ月や半年など、長期にわたる場合もある

● 海外開催型

期間	企業によって異なる
ポイント	・外資系企業の場合は本国の本社で、日系企業の場合は海外支社で行われる
	・事前に選考試験が課され、倍率が高い傾向にある
	・インターンシップ参加者の多くが、内定を得る傾向にある

　グローバル企業や外資系企業のインターンシップでは、3年次の採用試験でESや一次面接の免除、特別な早期選考枠での受験資格など、優遇を与えられることがあります。

　ただし、これらの優遇を受けるには、インターンシップで成果を出していることが必須条件です。グローバル企業や外資系企業のインターンシップは、企業理解や仕事内容の理解を深める目的ではなく、社員と同じ業務を行ってもらい、学生本人の能力を図る目的としています。日系企業の場合は、企業理解や仕事内容の理解を目的としていることが多いため、その違いを理解しておきましょう。

　企業理解や仕事内容を理解したい場合は、「企業説明会型」や「就業体験型」が、内定獲得につなげたい場合は、「早期選考型」や「海外開催型」のインターンシップがお勧めです。インターンシップによって特徴が異なりますので、目的に合わせて選びましょう。

Q。**留学期間中に志望企業のインターンシップ （オンライン開催）があるのですが、 参加したほうがよいでしょうか？**

A。現地の学業に支障がない範囲で参加してみましょう。グローバル企業がインターンシップをオンライン開催する理由の1つは、海外在住学生にも参加してほしいからです。当日までに時差を確認し、授業で参加できない時間帯があるなどの事情はあらかじめ伝えておきましょう。配慮をしてくれる企業もありますし、時差があるのに参加する熱意の強さも伝わります。

インターンシップの企業選び

POINT	◉ まずは10業界のインターンシップ参加を目指す
	◉ インターンシップに参加する企業を見極める
	◉ 本命企業のインターンシップ参加に注力する

☑ 序盤：多くのインターンシップに参加する

　一般的なグローバル企業を目指す場合は、1年生、2年生、3年生の夏期インターンシップで、できるだけ多くの業界・企業のインターンシップを受けることをお勧めします。**目標は10業界の企業に参加すること。就職情報会社の調査では、就活生の3割は5〜10社のインターンシップに、就活生の2割は11社以上のインターンシップに参加しています。** 5〜10社くらいの幅広い業界・企業のインターンシップに参加すると、自分がどの業界に向いているかがわかり、納得感のある志望先選びができます。

☑ 中盤：企業の見極めを行いながら参加する

　中盤での第一目標は、企業の見極め。第一志望以外にも、次ページの例のような観点でインターンシップを受ける企業を組み合わせると、納得感のある企業選びができます。職種に迷いがある人は、職種の比較研究も必要です。職種を比較するには、①「第一希望の職種のインターンシップに参加し、第二希望以下の職種について社員に質問」、②「その職種の社員に会わせてもらう」、③「職種ごとにインターンシップを実施する企業の場合は、迷っている職種のインターンシップに参加する」などの方法があります。なお、インターンシップの期間が半日や1日程度であれば③がお勧めです。

インターンシップを受ける企業の例

① 業界トップクラス企業

② 業界内の成長企業

③ 第一志望企業のグループ企業

④ 自分の大学・学部から
合格実績が多い企業

⑤ 第一志望企業の競合企業

⑥ 研修制度・福利厚生制度が
充実した企業

⑦ 平均勤続年数が長い企業

⑧ 希望の勤務地で働ける企業

☑ 終盤：本命企業のインターンシップを中心に選ぶ

　3年生の11月〜翌年2月の冬期インターンシップは、本命企業群を中心に受けましょう。この時期のインターンシップは、2月以降の本選考直前に実施されるため、参加した学生を本選考で優遇したり、早期選考を実施したりする割合が高くなります。同じ企業であれば、インターンシップ選考試験の内容（ESの項目、面接での質問、GDの出題テーマ）と本選考の内容は類似している場合が多いです。

　インターンシップ選考を受けることは、本選考に向けた最高のシミュレーションとなります。入念な準備を行っていきましょう。

☑ 要注意：外資系企業のインターンシップの選び方

　一部の外資系企業（コンサルや投資銀行など）は、3年次の夏期インターンシップが選考試験（本選考）を兼ねています。これに落ちてしまうと、内定獲得のチャンスがなくなることがあります。志望度が高い場合は、早めの準備が必要です。1年生、2年生から、3年次の受験を念頭に置いて語学の鍛錬、企業研究、志望理由・自己PRのブラッシュアップ、ビジネスモデル考案力のトレーニング（P.93参照）、1年生や2年生でも参加できるインターンシップへの参加をお勧めします。外資系企業のインターンシップは、業界によってインターンシップ選考もインターンシップそのものの内容も異なるため、募集要項を確認しましょう。

CHAPTER 4 04

インターンシップの選考突破戦略

POINT
- 大手企業の選考試験は5パターン
- 選考試験を突破する最も重要なポイント
- 応募理由の実例を参考にしよう

☑ インターンシップの選考試験の内容

大手企業のインターンシップの選考試験の形式は、5パターンあります。

インターンシップの選考試験例				
パターン1	ES			
パターン2	ES	面接		
パターン3	ES	面接	筆記試験	
パターン4	ES	面接		GD
パターン5	ES	面接	筆記試験	GD

応募人数の多い企業の場合、導入される傾向にある

一部の企業は筆記試験も課しており、学生の場合はSPIなどの適性検査を受験します。面接試験の回数は、通常は1回ですが、2〜3回の企業も

あります。面接形式は、**大手企業・グローバル企業の場合は、WEB面接が一般的で、GDもWEBでの実施が多いです。**WEB選考は意思疎通がしにくいため、表情や仕草に注意しましょう。

☑ インターンシップの選考試験に受かるための 最も重要なポイント

90％強の大手企業のインターンシップ実施目的は、「内定者候補の母集団形成」。50％強の大手企業は「早期選考（参加者の中から内定者を選抜）」です。そのため**インターンシップ選考試験で最も重要なのは、応募理由を「企業の実施目的に適ったもの」にすることです。**

大半の学生の応募理由は「仕事内容を知りたいから」。これだけでは、熱意が感じられず、受験倍率の高い企業では受かりません。**重要なのは、「その企業で働きたいから、仕事内容を知りたい」という応募理由です。**以下で紹介する合格者の実例を参考にしてみてください。

●応募理由の合格例①

貴行の法人業務の仕事に強い興味を持ち、応募しました。
5月18日のWEBセミナーに参加して、法人業務の仕事に特に強い興味を持ちました。ほかにも調査業務、企画業務に興味があります。参加後、WEBサイトで、トップメッセージと経営計画、行員紹介ページを拝読して理解を深め、貴行で働きたい気持ちがますます強まりました。インターンシップで、具体的な業務内容について学びたいと思います。

→志望企業の仕事に強い興味や熱意があることを示し、その理由として、セミナーに参加したり、WEBサイトで企業への理解を深めたりしたことを書く。

●応募理由の合格例②

将来、貴行で働きたいと考え、応募しました。
貴行で働きたいと思った一番の理由は、9月22日のWEBセミナーに参加し、行員の〇〇様から仕事内容について詳細な説明を伺ったからです。私は、法人業務、調査業務、企画業務に強い興味を持ち、参加後、経営計画を読み、仕事に取り組みたい気持ちがますます高まりました。インターンシップで、業務に関する実践的な学びを得たく思います。

→将来、その企業で働きたい意志を示す。その理由を具体的に書き、熱心に企業研究をしたことをアピールする。

●応募理由の合格例③

> **将来、貴社で働きたいと考え、応募しました。**
> 貴社で働きたいと思った一番の理由は、貴社の『2024年度・新５カ年経営計画』を読んだことです。特に感銘を受けたのは、P.17に記載の「顧客第一主義の新規支援事業」の内容です。インターンシップを通じて「顧客支援事業」や「営業サポート部門」の事務職種の仕事についての理解を深め、学生のうちに勉強しておくべきことを明確化したいです。

→将来、その企業で働きたい意志を示す。セミナー等に参加することができていない場合は、経営計画などのIR情報を読んだことを書く。

●応募理由の合格例④

> **将来、貴社で働きたいと考え、応募しました。**
> 貴社で働きたいと思った一番の理由は、貴社の「社員紹介ページ」を読んだことです。特に感銘を受けたのは、貴社のWEBサイトで営業部門社員・鈴木一郎様が述べておられる「仕事目標を達成するための日々の努力」です。インターンシップを通じて「法人営業」の仕事について理解を深め、学生のうちに勉強しておくことを明確化したいです。

→将来その企業で働きたい意志を示す。セミナー等に参加することができていない場合は、その企業のWEBサイトの社員紹介ページを読んだことを書く。

応募理由をまとめるときは……

→ **説明会やセミナーの内容**

→ **企業のWEBサイトのトップメッセージや経営計画、IR情報の内容**

→ **企業のWEBサイトの社員紹介ページの内容**

を活用しよう

内定者が教える、面接の緊張をほぐす11の方法

面接はどうしても緊張するもの。ここでは、内定者が実際に行い、緊張をほぐす効果が高かった方法を紹介します。自分がやりやすいものをいくつか選び、組み合わせてみてください。きっとうまくいきますよ。

メンタル面の緊張ほぐし

①「緊張していても大丈夫」と思う

面接で緊張するのは当たり前。緊張が評価を下げることはありません。

②「貴社が第一志望なので気合が入って緊張しています」と言う

面接官は自社が第一志望ならば緊張が高まって当然だと考えますし、自分も安心感を得られます。

③ 自分は既に内定者だと思う

失敗しても内定獲得には影響しないと思うと、安心感やリラックス効果があり、ミスで動揺しなくなりますよ。

事前準備段階の緊張ほぐし

④ 面接想定問答集を作って、返答を考えておく

練習を重ねれば、緊張しても言葉が出てきます。臨機応変に言い方や内容を話す余裕も生まれます。

⑤ 社会人や志望度の低い企業を相手に面接の練習をしておく

志望度の高い企業の前に行いましょう。面接とはどういうものか体験し、慣れておくと気持ちが楽になります。

面接当日の緊張ほぐし

⑥ 自己PRやガクチカで話す内容をまとめたメモ帳を作り、ポケットに入れておく

⑦ 喉や唇の渇きを癒すための水筒やペットボトルの水・お茶、のど飴、リップクリームを用意しておく

⑧ 気持ちが盛り上がる＆元気になる音楽を聴きながら会場に向かう

面接中の緊張ほぐし

⑨ 足指ストレッチをする

意識が頭部から足指に移動し、言葉が出てきやすくなります。

⑩ 言葉に詰まったら、「10秒間、しっかり考えさせてください」と言う

たとえ10秒でも、頭をクールダウンすると言葉が出てきやすくなります。

⑪ 頭が真っ白になったら、メモ帳を見て話す

NGな行動ではなく、何も話せない時間が続くほうが大問題。むしろ、危機管理能力があると好印象にもなります。

グローバル企業・外資系企業の選考を突破する

ここからは、本選考突破のための攻略法を紹介します。
グローバル企業・外資系企業の内定を獲得するには、
最近の採用フローやESの特徴、頻出質問を把握し、
練習を重ねることが重要です。
近年増えている自己PR動画・録画面接や、
WEBテスト・SPIの攻略法も学んでおきましょう。

01

最近のグローバル企業・
外資系企業の採用フロー①
日系グローバル企業

POINT

- 早めに採用フローを把握する
- 採用試験の実施時期は6パターン
- 特別な入り口（優遇）を設ける場合もある

☑ 日系グローバル企業の採用要件を確認する

　特にグローバル職は、**英語力が応募要件になっていることがあります。**採用試験の流れ（採用フロー）は大半の企業が募集要項で開示しており、『就職四季報』にも各社のデータが掲載されています。早めにチェックしておきましょう。日系グローバル企業の採用選考は以下の流れが一般的です。

日系グローバル企業の採用フロー				
一次選考	二次選考	三次選考	四次選考	五次選考
ES	WEB面接	GD	面接	面接

＋自己PR動画
（録画面接）
※大手企業の2割程度が導入。
＋筆記テスト
※最も多いのはテストセンター受検、次にWEBテスト。

☑ 日系グローバル企業の採用試験実施時期

　採用試験の実施時期は、6パターンあります。こちらも大半の企業につ

いては募集要項や『就職四季報』で確認することができます。主な実施時期は、以下のようになっています。

日系グローバル企業の採用試験の実施時期

・春採用試験（2〜5月） ・夏採用試験（6〜8月）	年2回実施	採用試験の実施時期は、このパターンが最も多い
・春採用試験（2〜5月）	年1回実施	内定辞退や欠員が想定以上に多かった場合のみ、夏採用試験も実施
・春採用試験（2〜5月） ・夏採用試験（6〜8月） ・秋採用試験（9〜10月）	年3回実施	海外大学に留学した学生も採用するため、このパターンを実施する企業も増加中
・秋冬採用試験 （3年次の10〜12月、翌年1月） ・春採用試験（2〜5月）	年2〜3回実施	経団連に所属していない企業やIT系企業はこのパターンが多い
・採用試験を兼ねた夏インターンと秋冬インターン ・春採用試験（2〜5月）	年3回実施	経団連に非加盟の企業に多いパターン。加盟企業でも増加中
・インターンを入り口とした通年採用試験（春、夏、秋、冬に実施）	年3〜4回実施	海外大学に留学した学生の採用と外資系企業への対抗のため増加中

☑ 一般応募に比べて優遇されることもある

　日系グローバル企業の多くは、採用試験に特別な入り口（優遇）を設けています。これは、ESや筆記の評価がボーダーラインより若干低くても一次面接、あるいは二次面接まで進ませることです。対象は、会社説明会やセミナー、インターンシップ、会社訪問、OB・OG訪問で好印象だった学生。採用実績が多いゼミ・研究室や部活の主将、全国大会で好成績の学生。海外進出重要国や海外進出予定国の大学に留学・居住経験がある学生。先輩社員から好印象だった学生などです。

　ただし、この優遇は内定獲得の保証ではありません。同様に優遇された学生や一般学生との競争があるため、面接やGDの対策などを入念に行っておくことが大切です。

最近のグローバル企業・
外資系企業の採用フロー②
外資系企業

POINT	◉早めに選考フローを把握する
	◉ケース面接・独自問題・インターンシップに注意
	◉英語面接を実施する企業もある

☑ 外資系企業の採用フローと採用試験の時期

　一般的に、外資系企業の採用フローは、以下のような流れで実施されます。企業によっては順番が前後する場合があります。

外資系企業の採用フロー

一次選考	二次選考	三次選考	四次選考	五次選考	六次選考
ES ＋自己PR動画 （録画面接） ※一部企業で実施。	筆記 ※論理的思考力を試す独自試験を実施する企業が多い。	WEB面接	インターンシップ（ジョブ）、GD	面接	面接

　採用試験の時期は、日系企業と同様とする外資系企業もありますが、**コンサルや金融などの業界では、夏期インターンシップが選考試験を兼ねている企業も非常に多い**です。

　また、選考試験を兼ねた秋期インターンシップが実施されていることもあります。志望企業の採用試験フローは、募集要項で早めに確認しておきましょう。

☑️ 外資系企業の採用試験の注意点

外資系企業の選考試験は、以下のポイントに注意して対策を講じていきましょう。

① ケース面接

・ビジネスケース（例：スターバックスの売上を3倍にするには？）

本書のCHAPTER 2「ビジネスモデル考案力」（P.34）、CHAPTER 5「ES頻出質問攻略法③　ビジネスモデル考案力」（P.93）を参考に対策をし、高評価を狙いましょう。

・抽象的課題（例：顧客満足度とは何か？　強い組織とは何か？）

高評価を得る秘訣は、その企業の経営計画、アニュアルレポート、社長メッセージ、社員紹介ページなどの記述を軸に回答することです。

② 独自問題の筆記

①ケース面接で出題されるような内容が、企業独自の問題として筆記試験でも問われることがあります。対策は①ケース面接と同様です。

③ フェルミ推定（例：新幹線の社内で1日に売れるコーヒーの数は？）

評価ポイントは、解答の正確さよりも「<u>答えを導き出すプロセスが論理的であるかどうか</u>」を重要視されます。CHAPTER 6「フェルミ推定の質問対策」（P.131）や対策本を読んでコツをつかみましょう。

④ インターンシップ（ジョブ）のチェックポイント

外資系企業では、採用試験を兼ねて次の4点をチェックしています。なお、企業によってはインターンシップを「ジョブ」と呼称する場合もあります。

❶ 仕事体験を通じての「自社や業務への適性」

❷ 社員との協業による「コミュニケーション（チームワーク）」

❸ ディスカッションによる「リーダーシップ力やビジネスモデル考案力」

❹ プレゼンによる「説得力のあるプレゼンテーション能力」

外国人の社員が多い企業は、社内のコミュニケーションが英語になるので、**1～4に加えて、英語力もチェックされます。**1～2年生は、外資系企業のインターンシップに応募して、こうした形式に慣れておくとよいでしょう。

一方3年生は、志望度の低い外資系のインターンシップを早めに受けて経験値を高め、第一志望企業のインターンシップに向けてスキルアップしておくことをお勧めします。

☑ 一部の外資系企業は英語での面接がある

外資系の大手コンサルティングファームや投資銀行などは、面接が英語で実施されることがめずらしくありません。提出書類を英語で書くことが必須であったり、英語で書くことが推奨されていたりする場合は、高い確率で英語での面接が実施されます。

英語での面接がある場合は、募集要項にその旨を明記している企業もあります。募集要項は企業のWEBサイトで閲覧できるので、早めに確認しておきしょう。

☑ 外資系企業であっても 語学力だけで合否が決まるわけではない

面接が英語であっても、語学力だけで合格・不合格が決まるわけではありません。実際、英語力が高くない学生も多数受かっていますし、逆に英語力がネイティブレベルでも落ちている学生もいます。なぜなら、**英語力よりも話の中身のほうが重要**だからです。

英語に自信がない人は、英会話の先生や英語が堪能な友人などに面接官役を依頼し、面接の受け答え練習を繰り返して自信をつけましょう。比較的安価で多くの回数のマンツーマンレッスンを受講できるオンライン英会話も、英語の面接練習にお勧めです。

03

グローバル企業の ESの特徴

POINT	◉ グローバル企業のESは８つの頻出質問がある
	◉ ４つの能力をバランスよくアピールして高評価を狙う

☑ グローバル企業のESの頻出質問

グローバル企業のESは、以下の８つの質問が頻出します。

グローバル企業のESで頻出する８つの質問

❶ リーダーシップ経験を問う質問

❷ ビジネスモデル考案力を問う質問

❸ 英語力を問う質問

❹ 異文化コミュニケーション経験を問う質問

❺ 自己PR、学生時代に力を入れたこと（通称：ガクチカ）

❻ 趣味・特技

❼ （インターンシップの場合）応募理由

❽ （本選考の場合）志望理由・志望動機

特に重要性が高い質問は、❶リーダーシップ経験と❷ビジネスモデル考案力を問う質問です。これらの質問を出題しない企業でも実は重視しているため注意が必要です。直接出題されていない場合は、❶リーダーシップ経験は「学生時代に力を入れたこと」、または❺自己PR欄に、❷ビジネスモデル考案力は❼応募理由や❽志望理由・志望動機の欄に書きましょう。

☑ グローバル企業のESは4つの能力をアピール

グローバル企業のESは、以下の**4つの能力をバランスよくアピールで
きるととても高い評価が期待できます**。

❶ 異文化コミュニケーション力

**グローバル企業が進出国でビジネスを成功させる必要条件は、文化・
伝統・習慣・職業観などが異なる現地の社員・顧客との信頼関係。**異文
化コミュニケーション力が求められます。海外での経験がなくても自分
に合ったアピールをしましょう（P.30参照）。

❷ ビジネスモデル考案力

日本のビジネスモデルは、文化・伝統・習慣・嗜好が異なる国や地域
では通じない場合があるため、グローバル企業の社員は、**それぞれの国・
地域に合ったビジネスモデルを考案する力**が求められます（P.34参照）。

❸ リーダーシップ力

グローバル企業では外国人も多数所属するチームで働くことが多いた
め、**自らリーダーシップを発揮する**ことが求められます（P.38参照）。

❹ 海外情報アンテナ力

グローバル企業の社員は、ビジネスに影響を与える**世界各国の情報に
対して常にアンテナを張っておくこと**が必要となります。英語が苦手な
人は心配かもしれませんが、今から対策をすれば大丈夫です。

☑ 英語で書く場合も高評価されるポイントは同じ

一部のグローバル企業は、日本語ではなく、**英語でESを書く**ことが課
される場合があります。英語のESでも、高評価が期待できるポイントは
上記の❶〜❹です。英語が得意でない人は、まず日本語で書いてから、
それを英訳するとよいでしょう。

ES頻出質問攻略法①
自己PR欄、ガクチカ欄の違いと使い分け

POINT

◉「リーダーシップ経験」と「異文化コミュニケーション経験」が評価される

◉ アピールする経験の時期によって使い分ける

☑ 「自己PR欄」と「ガクチカ欄」の違い

「自己PR欄」には、小学校から大学までの間に培った能力や行動特性を書くことが基本です。あなたの根本的な人物形成・能力形成に最も影響を与えたことを、今までの人生を遡り、自己分析して書きましょう。

一方、「ガクチカ欄」は、大学時代に培った能力や行動特性を書くことが求められます。ただし「学生時代に力を入れたこと」と表記する企業が一部にありますが、その場合は、自己PR欄と同じく、小学校、中学校、高校で培ったことを書いても問題ありません。

☑ 「自己PR欄」と「ガクチカ欄」で
高評価を得るポイント

グローバル企業のESの自己PR欄とガクチカ欄で、**特に高評価されるポイントは「リーダーシップ経験」と「異文化コミュニケーション経験」**です。これらのどちらか、あるいは両方を書くとよいでしょう。

「外国人と協業する中で、リーダーシップを発揮した」といった内容にし、一文の中に２つのアピールポイントを入れる方法もお勧めです。その他にも、次のようなアピールをすると、高評価を得られます。

● **志望企業の社員が発揮している能力・行動特性・専門知識をアピール**

　ESを書く前に、志望企業のWEBサイトの社員紹介ページから、**海外部門の仕事に従事する社員についての内容を必ずチェックしましょう**。社員が仕事で発揮している能力・行動特性・専門知識が書かれていることが多いのですが、これらは採用試験で高評価が得られるアピールポイントでもあります。**自分と共通する能力・行動特性・専門知識があればアピールしましょう。**

● **グローバル職の社員が心がけていることや努力していることをアピール**

　グローバル職の社員が仕事で心がけていることや仕事力を高めるために実践・努力していることも同様です。こちらも社員紹介ページなどをチェックし、自身の能力・行動に共通する部分があったらアピールしましょう。

☑ 「自己PR欄」と「ガクチカ欄」の使い分け

　グローバル企業の内定者が実行した「自己PR欄」と「ガクチカ欄」の使い分けや書き分け方の例を紹介します。ぜひ参考にしてみてください。

● **Aさんの実例**

自己PR欄	中学時代の陸上部での活動で「リーダーシップ力」を培った経験について詳しく書いた。その「リーダーシップ力」を高校では文化祭実行委員として発揮。大学ではサークル活動で発揮したことを書き添えた。 **ポイント** 中学時代に培った能力を高校や大学時代でも発揮したことを書くと、発揮する先が変わっても、本人にしっかり定着している能力として高評価が得られる。「リーダーシップ力」はグローバル企業では特に重視されているのでより高い評価を得やすい。
ガクチカ欄	ゼミ活動で「PowerPointを効果的に活用した、論理的で説得力あるプレゼンテーション力」を磨いた経験を詳しく書いた。そして、その「プレゼンテーション力」を高評価され、参加した某企業のインターンシップ・プログラムで高成績を取ったことを書き添えた。 **ポイント** グローバル企業の仕事で役立つ能力や専門知識をアピールすることは非常にお勧め。なお、ある場面で得た能力が別の場面でも有効だったことも書くと、能力がしっかりと身についたと感じられて評価はさらに上がる。

●Bさんの実例

自己PR欄	小学校から高校まで9年間英語の勉強に打ち込み、大学ではその英語を使って、10カ国の留学生との交流イベントのスタッフとなって、「異文化コミュニケーション力」を磨いた経験を詳しく書いた。その10カ国の中には、志望企業の今後の進出拠点とされている国(インド、タイ)があり、それらの国の留学生から、現地の文化、伝統、習慣、あいさつ、すぐに打ち解けるためのコミュニケーションの秘訣を学んだことを書き添えた。 **ポイント** 英語を使った経験、異文化コミュニケーション力を高めた経験は、高評価を得やすい。志望企業の主要拠点がある国や今後の主要進出先としている国の人々との交流経験は特に効果的。
ガクチカ欄	大学1・2年次より、5社のインターンシップに参加し、各社の社員から実践的なビジネススキルを学び、磨きをかけた。1社目で学んだことを、2社目、3社目、4社目、5社目と実践しながら磨きをかけていった。参加企業を比較研究した結果、貴社で最も働きたいと確信を持ったことを書き添えた。 **ポイント** インターンシップは、高評価を得やすい実践的なビジネススキルが学べる。近年のインターンシップは、1～2年生でも参加できることが多いため、書くことがない場合などに作りやすいガクチカのネタとしてお勧め。この例のように、志望企業の志望順位が高いことを添えるとさらに高評価を得られる。

そのほか、自己PR欄ではアルバイト先で各種SNSを活用したプロモーション業務に従事した経験、ガクチカ欄では大学主催のボランティアプログラムで、率先垂範型リーダーシップ(P.91参照)を発揮した経験をアピールした内定者もいます。自分の経験を振り返ってみましょう。

Q. 私は「リーダーシップ経験」も「異文化コミュニケーション経験」もありません。「自己PR欄」「ガクチカ欄」は何を書けばよいでしょうか?

A. お勧めは、志望企業のWEBサイト「社員紹介ページ」で社員が仕事で発揮している能力や努力している内容などを参考にして、同様のことを自分に置き換えて書くことです。たとえば、社員が仕事でお客様にプレゼンしているなら、自分は大学の授業やゼミでのプレゼン経験のことを書く。志望企業の仕事と関連がある様々なアピールポイントを作ることができます。

ES頻出質問攻略法②
リーダーシップ経験

POINT
- ● リーダーシップ経験は、２大重要質問の１つ
- ● 役職などの経験がなくても高評価は得られる
- ● 自分に合うリーダーシップのタイプを見つける

✓ リーダーシップ経験は、2大重要質問の1つ

　グローバル企業のESや面接での２大重要質問の１つは、「リーダーシップ経験」です。 グローバル企業では、若手のうちから国内外の現場責任者やプロジェクトリーダーを任されるケースが多くあります。一緒に働くスタッフは、日本人だけでなく外国人もいますので、**多国籍の社員やチームをまとめるには、高いリーダーシップが必要**となります。

　グローバル企業の中でも、外国人従業員が多い企業、海外出張・海外赴任が多い企業、海外のクライアントとの協業が多い企業ほど、リーダーシップ経験を問う質問を重視する傾向があります。これから紹介する質問例を参考にして、ESや面接の対策を行いましょう。

リーダーシップ経験を問うESでの質問例

変化を起こすために、周囲を巻き込んで行動した経験について教えてください。あなた自身が果たした役割や周囲との関わり方が具体的にわかるように記してください。（400字）

あなたが目標に対してリーダーシップを強く発揮し、主体的に周囲の人とともに成果をあげた事例を記述してください。（400字）

今まであなた自身が周囲に影響を与えたエピソードと、そこから学んだことを教えてください。（400文字以内）

※上記のようなリーダーシップ経験を問う質問欄がない場合は、リーダーシップ経験を「ガクチカ欄」または「自己PR欄」に書くとよい。

☑ リーダー経験がなくても、高評価は得られる

リーダーシップは、リーダー職（主将、部長、ゼミ長、会長など）の経験がなくても発揮できます。他者に働きかけ（声をかけ、提案し、やってみせ）、プラスの方向に引っ張ることができれば、それがリーダーシップ経験です。たとえ役職にはついていなくても、そうした経験をアピールすることで、リーダーシップ経験として高評価を得ることができます。

たとえば、次の表はリーダーシップを13タイプに分類したものです。それぞれの特徴から、自分の性格や行動に合ったタイプを考えてみましょう。

リーダーシップの13タイプ	
タイプ	**特徴**
率先垂範型	人の前に立って、自ら模範を示す
ビジョン共有型	ビジョンを全員で共有し、各自に目標を付与する
成長支援型	コーチ的に各自の成長を支援する
全員合議型	皆で話し合う場を設けて、総意をはかる
チーム結束型	メンバーどうしを和合させ、団結・協力体制を作る
見える化型	やるべきことを明文化・ルール化・可視化する
実利提示型	褒賞などで、やる気を引き出す
危機提示型	危機感を与え、実行力を引き出す
心をつかむ型	思いやりあふれる接し方で、各自の心をつかむ
指揮者型	リーダーとして指示をして素早く動かす
有益情報共有型	メンバーに有益な情報を紹介・共有する
改革型	非効率な行為・業務・しくみ・組織を変える
守護型	メンバーを危機から守る言動で安心を与える

自分に合ったタイプが見つかったら、**自分の経験に当てはめて、リーダーシップをアピールする文章を作りましょう。**ESに盛り込めば、リーダーシップ力がある人物として高評価を得ることができます。

●リーダーシップ経験をアピールする文章例①

> バドミントン部で練習推進係として、率先して模範を示す形のリーダーシップを発揮しました。特に力を入れたことは以下の5点です。①大きな声であいさつ。②時間を守る。③気合を入れて声出し。④機敏に動く。⑤用具の整理整頓。進んで人の前に立ち、自ら模範を示しました。

●リーダーシップ経験をアピールする文章例②

> ボランティア活動に参加したのですが、非効率的なしくみが多かったため、リーダーシップを発揮し改革を進めました。改革したポイントは、「専用アプリを導入しメンバー全員のスケジュールの把握と出欠管理」「オンライン会議を定期開催して情報共有を活発化」「PR動画を作って新メンバー勧誘」の3つです。

●リーダーシップ経験をアピールする文章例③

> 私はゼミ活動で、チームの結束が強まるようにリーダーシップを発揮しました。たとえば、発言のない人をサポートして議論に活発に参加できるようにしたり、各自の得意なことに合わせて全員に適材適所の役割を付与したり、スケジュール表を作ってタイムマネジメントを着実に行ったりしました。

Q. **私は、部活でもサークルでもゼミでも、リーダー職の経験がまったくありません。誰でもやっているような普通の役職での些細な経験でも、グローバル企業に就職することはできるでしょうか?**

A.
　グローバル企業の集団面接では、確かにゼミ長や部長、主将などのリーダー職の経験をアピールする学生が多いですが、心配する必要はまったくありません。企業が高評価するのは役職名ではなくて、経験の中身。しかも、役職がないのにリーダーシップを発揮しているということは、本質的にリーダーとしての素養を持っていると面接官は感じるため、むしろ有利です。面接官が期待しているのは、話のスケールの大きさではなく「組織の些細なことにも目を配り、改善のためのリーダーシップが発揮できること」。リーダー職ではない役職でも卑下せずに、自信を持って堂々とアピールしてください。

06

ES頻出質問攻略法③
ビジネスモデル考案力

POINT
- ビジネスモデル考案力は2大重要質問の1つ
- 学部学科は関係なく高評価を狙える
- ビジネスモデルは7要素と14の着眼点で考える

☑ ビジネスモデル考案力は、2大重要質問の1つ

グローバル企業のESや面接で重要なもう1つの質問は、「ビジネスモデル考案力」です。「当社で実現したいことは何ですか」「あなたの夢を教えてください」などと質問されます。**海外展開に注力するグローバル企業ほど、ビジネスモデル考案力を問う質問を重視する**傾向があります。

ビジネスモデル考案力の質問例

当社で挑戦したいこと、実現したい夢について教えてください。その際、特に興味のある分野や事業があれば、具体的に触れていただいてもかまいません。（250文字以下／大手総合商社）

これまでにない新しいコンセプトのスーパーマーケットを考えてください。（文字数制限なし／大手広告代理店）

業務企画職を志望した理由と、当社で何を実現したいかを具体的に記述してください。（文字数制限なし／大手航空会社）

あなたの強みは何ですか。その強みを活かして入社後、成し遂げたいことについてお書きください。（文字数制限なし／大手製薬会社）

入社後どのようなことを成し遂げたいかご自身の考えをご記入ください。（400字以内／大手衣料品メーカー）

あなたが当社の社長に就任したら、社長としてどのようなことに取り組みますか？（400文字程度／大手テーマパーク運営会社）

✓ 経営学を履修していなくても高評価が得られる

ビジネスモデルの考案方法やマーケティング、経営学などを学んでいない人でも、次の「ビジネスモデル7要素」を使えば高評価を得ることは可能です。これらの要素を押さえてビジネスモデルを組み立てましょう。

ビジネスモデル7要素	
❶ コンセプト	企画において全体を貫く基本的な考え方 例：ダイエットが手軽にできる商品
❷ ターゲット	誰に対する商品・サービスか 例；20代の女性　※ダイエットに関心が高いから
❸ 現状分析	ターゲットの現状とニーズの分析（データなど） 例：20代女性の嗜好・悩みなどのデータを収集し、 　　企画のエビデンス（証拠・根拠）として使う
❹ 企画内容	企画する商品・サービスの内容（絵・図・写真など） 例：内容、ネーミング、デザイン、売り方を考える
❺ 競合分析	競合他社の商品の分析と、競合他社に勝てる理由（データなど） 例：競合商品の長所・短所、売上分析を競合他社の動向を 　　チェックして把握
❻ 利益目標	宣伝手段（短期・長期の単価、売上・利益目標など） 例：1年後の利益目標、5年後の利益目標を経営計画の内容を 　　考慮して決める
❼ 貢献事項	自分はこのプロジェクトでどう貢献するか 例：自分は、北米市場での営業を担当する。得意の英語力や北米 　　エリアでの異文化理解力を活かす

✓ ビジネスモデルの考え方

新規事業のビジネスモデルを考える際は、次に紹介する14の着眼点を参考にしましょう。

新規ビジネスモデルを考える14の着眼点

1. 志望企業と競合他社の経営計画を比較分析する
2. 世界の成功例を参考にする
3. ターゲット層を変える（増やす・減らす）
4. ターゲットエリアを変える（国内の別の地域、海外の別の国）
5. 価格帯を変える（無料化、低価格化、高級化）
6. デザインを変える
7. ほかの用途を考える
8. アピールポイントを変える
9. 使いやすくする（機能を簡略化する）
10. 別の商品と組み合わせる
11. 他社とコラボする
12. 業界・商品の非常識に挑戦する
13. 最先端の技術（AI、ITなど）を適用する
14. スマートフォンアプリを活用する

ビジネスモデルは、１の経営計画を参考にすると作りやすいです。そもそも経営計画とは、企業の経営陣が考案した「今後力を入れて実現していく予定のビジネスモデル」。ビジネスモデルの７要素も記載されることが多いです。２〜４や10、11、14をもとにしても高評価を得やすく、ほかの着眼点も説得力あるデータがあれば高く評価されます。

Ｑ． **出題された「ビジネスモデル考案」の質問の文字数が700文字と多く、とても書ききれません。**

Ａ． まずは志望する企業の経営計画を検索し、今後注力する事業で自分が書きやすいものを１つ選びましょう。次に、その事業や商品のキーワードを書き出し、具体的な取り組みや進捗情報を調査。競合他社についても同様に調べ、比較分析をしましょう。新聞や雑誌の過去記事で業界の最新情報を調べると、知識が深まります。あとは経営計画と調べた内容をもとに、ビジネスモデル７要素を100文字ずつ書けば、文章ができあがりますよ。

ES頻出質問攻略法④
英語力を問う質問

POINT	◎ TOEICスコアを基準にするグローバル企業が多数
	◎ 自己PR欄・ガクチカ欄でアピールする
	◎ 時事報道やオンライン英会話で英語力アップ

☑ 「英語の資格欄」「海外留学経験欄」の攻略ポイント

　グローバル企業のESには通常、英語力に関する資格の記入欄がありま
す。TOEIC以外の英語検定のレベルを記載できる企業もありますが、**大多
数の日系のグローバル企業はTOEICが基準です。**英語の資格や英語力を
アピールするためには、TOEICのスコアを上げる努力をしましょう。

　ESには「海外留学経験欄」もあり、留学経験の有無とその期間を書か
せる企業もあります。海外留学経験がないと受験に不利になると思いがち
ですが、**グローバル企業の内定者の多くも海外留学経験はありません。**本
書を参考に、しっかり対策しましょう。

☑ 「自己PR欄」「ガクチカ欄」のポイントと文例

　「自己PR欄」や「ガクチカ欄」で英語力をアピールする場合は、「英語を
学んだ経験」と「英語を使って物事を遂行した経験」のどちらかを盛り込
みましょう。中堅・中小規模のグローバル企業の採用試験では、「英語を
学んだ経験」でも高評価を得ることができます。一方、大手グローバル企
業は、英語を実践的に使う段階に移行している学生が多く受験しています。
「英語を学んだ経験」では高評価は得にくいため、「英語を使って物事を遂
行した経験」をアピールしたほうがよいでしょう。次の例を参考にして、

自分の経験や実力に即した英語力アピールの方法を考えてみてください。

	「自己PR欄」「ガクチカ欄」での英語力アピールの内容例
英語を学んだ経験	① TOEIC200点アップ ※英語の勉強に力を入れたものの、達成度（TOEICスコアなど）が受験者の中では高くない場合
	② TOEIC900点 ※英語の勉強に力を入れ、達成度（TOEICスコアなど）も高かった場合
英語を使って物事を遂行した経験	③海外英字文献の調査研究、英字ニュースの購読、外国人とのメールや会話の習慣などの経験
	④英語で講義が行われる授業で、英字文献を読み込み、教授に質問して理解を深め、好成績を得た経験
	⑤英語によるディスカッションやプレゼンをして、チームにプラスの影響を与えたなどの経験
	⑥英語を使ってリーダーシップを発揮した経験

※採用担当者の評価は、①＜②＜③＜④＜⑤＜⑥の順に高い。

●①②を活かした文章例

英語力向上に励み、TOEICのスコアを1年間で200点アップさせ、700点を取りました。来年は900点突破を目指しています。英語力を活かして、英字ニュースを毎日読んでいます。

→①や②のTOEICスコアについて書く場合も、③〜⑥のような英語力を実践的に使用する内容を含めると評価が上がる。スコアが低くても、日常的に努力を重ねていることがアピールできれば好印象。

●③〜⑥を活かした文章例

留学先の大学で〇〇学の勉強に力を入れ、最高評価を獲得しました。この授業の英語でのプレゼンテーションでは、現地の文献を調べてクラスの外国人学生たちの学習向上に役立つような内容・構成にし、参考になるデータを多数紹介して高評価を得ました。

→海外留学経験がある場合、学業成績のアピールに加えて、⑤⑥のような内容を含めると評価は大幅に上がる。

TOEICスコアなどのアピールが難しい場合は、次のような内容でも英語力をアピールすることができます。

●英語の学びについてのアピール

・英語で実施される（語学以外の）授業での成績や順位の高さ
・最初は成績や順位が低かったが、努力で向上させたこと
・英文のテキスト・文献・資料を読み込んだ冊数・ページ数の多さ
・英文のレポート制作で書いた回数・ページ数・文字数の多さ

●英語の実践的な使用についてのアピール

・クラスやサークルの留学生、アルバイト先やインターンシップ先の外国人との交流
・外国学生で構成される課外活動グループ（スポーツ、ボランティアなど）への参加と貢献、英語系・国際交流サークルで、外国人を巻き込んだパーティーやイベント、勉強会などの企画・開催
・英語での弁論大会、英語劇への参加
・大学が主催する英語系のイベント、留学生との交流イベントへの参加
・留学先における学外の地域のサークルやボランティア活動への参加

☑ 今から短期間で英語力をアピールする方法

　しかし、上記のような英語力アピールのネタがなくても心配はいりません。今すぐ始めて、２カ月以上継続すれば実践的な英語力アピールとして使える方法は多数あります。

　たとえば、英字新聞や海外ニュースなど、英語の時事報道に触れていれば、海外動向を英語で把握する努力をしていることのアピールになります。

　YouTubeやTEDなどで、英語圏の外国人の学習系コンテンツや赴任希望国に関わる内容を勉強すれば、語学学習をしながら、実践的に役立つ内容を学べます。オンライン英会話を受講すれば、英語を学びながら、将来のビジネスに備えることもできますし、志望企業の支社がある国の講師を選ぶと志望熱意の高さが伝わります。SNSで外国人のアカウントをフォローするのも有効です。すぐに始められることばかりなので、実践してみてください。

ES頻出質問攻略法⑤
異文化コミュニケーション経験を問う質問

POINT
- 異文化コミュニケーションは自己PRに必須
- コミュニケーションスキルの高さを記載する
- 短期間の経験でもアピールにつながる

☑ 異文化コミュニケーション経験は 内容に応じてアピールする場を考える

　グローバル企業の海外部門の仕事では、外国人の社員や顧客とのコミュニケーションが日常的に発生します。そのため、**異文化コミュニケーション経験は、高評価される自己PRの1つ。** ただし、ESに異文化コミュニケーション経験欄を設けている企業は1割もありません。**強くアピールしたい**内容や、事例を多く挙げられるものなら「自己PR欄」か「ガクチカ欄」、それほどでもないネタなら「趣味・特技欄」、授業で学んだことは「学業欄」に書くとよいでしょう。

☑ 異文化コミュニケーション経験のアピール方法

　異文化コミュニケーション経験とは、単に語学力の高さをアピールすることではありません。外国人とのコミュニケーションでは、「話が盛り上がる話題を用意する」「相手の気持ちを察する」「相手と打ち解けるために自己開示する」など、語学以外の要素も重要です。**語学力だけでなく、コミュニケーションスキルの高さをアピールする項目**と心得ておきましょう。

☑️ 短時間・短期間でできる異文化 コミュニケーション経験

異文化コミュニケーション経験は短時間・短期間で作ることもできます。高評価を得られるエピソードの具体例を挙げますので、海外留学や海外居住の経験がなく、外国人との交流も少ない人は、ぜひ参考にしてください。

●例1：将来の赴任希望国について学んだ経験

相手国の歴史や伝統、日本との歴史的な関係、慣習、職業観、人生観、経済や政治の状況、今後の見通しなどの知識は、その国の社員と一緒に働き、円滑なコミュニケーションをするために必要不可欠です。「授業で学んだ」「留学生から聞いた」などの経験をアピールしましょう。

●例2：将来の赴任希望国の食事について学んだ経験

食事は、その国の文化、伝統、習慣、気候、採れる食材、宗教的価値観などを具体的に反映しているのでその国の学びが深まり、相手と打ち解けられる格好の話題にもなります。「赴任希望国の食事を提供する店に行った」「レシピを参考に赴任希望国の食事を自分で作った」「留学生の友人に地元の食事を作ってもらった」などの経験を盛り込みましょう。

●例3：流行っている商品、音楽、映画、動画などを調査した経験

赴任希望国での流行に関する知識は、その国でビジネスをするうえで大変重要です。その国でのコミュニケーションにおいて大変役立ちますし、BtoC企業（消費者向けの商品を展開する企業）の場合は、商品開発や広報宣伝に必要不可欠です。これらを調査した経験をアピールしましょう。

●例4：大学で留学生をサポートした経験

多額の費用をかけたり留学したりしなくても、多くの外国人とコミュニケーションを取れる方法が、**大学主催の留学生サポートプログラムに参加する**ことです。近年、多くの大学が留学生の受け入れに力を入れており、留学生のサポートを兼ねた様々なプログラムを実施しています。スタッフとして企画運営面にも関わると、よりアピール力が強いネタとなります。

●**例5：授業、ゼミ、サークル、アルバイト先などの留学生との協業経験**

　大学の授業やゼミ、サークル、アルバイト先など、国内にも外国人と出会える場所は多数あります。こうした環境は、グローバル企業の職場のミニチュアモデルといえます。<u>同じ目標を達成するために留学生と一緒に努力したこと</u>は、異文化コミュニケーション経験としてアピールできます。

●**例6：外国人への日本文化紹介の経験**

　ゼミ、サークル、アルバイト先などで知り合った留学生と、「日本食でもてなすパーティーをする」「花見に行く」なども、<u>外国人に日本文化を紹介する</u>というジャンルの異文化コミュニケーション経験になります。

●**例7：外国人とのオンラインでのディスカッション経験**

　外国人との協業は、海外に行かなくても経験できます。特に<u>留学生との交流プログラムは、近年は対面での開催だけでなく、オンラインで実施されるものも増えています。</u>オンラインの場合、全国どこからでも容易に参加できますし、外国人とのディスカッションは自己PR力のアップにもつながります。

●**例8：オンライン英会話でマンツーマンレッスンを受講した経験**

　オンライン英会話ならば、安価な費用で毎日、外国人チューターとディスカッションができます。**特に世界各国のチューターが在籍するオンライン英会話がお勧めです。**志望企業が支社を置く国々のチューターを指名して、その国のことを具体的に学べば、強いアピールにもなります。

Ｑ。 **異文化コミュニケーション経験が少なく、ESに書けるネタがありません。異文化コミュニケーション経験については何も書かなくても大丈夫でしょうか？**

Ａ． 何も書かないと、海外と関わって働くことに熱意がないと誤解されるリスクが生じます。また、たとえESに書かなくとも、面接で「異文化コミュニケーション経験はありますか？」という質問をされます。したがって、「短時間で作れる異文化コミュニケーション経験」を参考にして作り上げ、「趣味・特技欄」に書いておきましょう。

ES頻出質問攻略法⑥
趣味・特技

POINT
◎ 趣味・特技欄でも高評価は狙える
◎ 今日から始めてもOK。志望企業を意識した内容を記入する

☑ 「趣味・特技欄」でも評価を高められる

　ESの質問の中で「趣味・特技欄」を重視しない学生がいますが、ESにこれらを記入する欄があるのも、採用・不採用の判断をするためであり、**評価を少しでも高めるには、これらの欄も工夫して書く必要があります。**

　趣味や特技は、「最近始めたこと」でもかまわないのです。現在の趣味や特技をただ書くのではなく、**より高い評価を得るために今から新しい趣味や特技を始めてみるのも手です。**

☑ レベルが高い内容でなくてもOK

　趣味・特技欄は、自己PR欄と違ってレベルの高いことを書かなくても一定の評価を得られます。たとえば、自己PR欄に水泳のことを書く場合は、「水泳部に所属し、大会で優勝を目指して本格的なトレーニングを積んでいること」が期待されます。ところが趣味なら、「趣味はジムのプールで月に何回か泳いでいる程度の水泳」としても、健康維持の習慣があるということで高評価されます。しかも最近始めたことでもかまわないのです。

　特技も、レベルが高いことでなくても一定の高評価が得られます。「授業やサークル活動、アルバイトで身につけた実務的なスキル」「志望企業のグローバル職社員が興味を持ちそうな面白い特技」などを書くとよいで

しょう。また、「志望企業の仕事に役立つ特技」を今から習得して書くのもお勧めです。

趣味・特技欄も自己PR欄の一種と捉えて、少しでも評価アップにつながることを書きましょう。仕事で必要なスキル、知識取得には労を惜しまず、すぐに着手する。これは、できるビジネスパーソンの行動特性です。さっそく取りかかり、楽しみながら趣味を増やしてください。

● **「趣味＝読書」で高評価を得る方法**

最も多くの受験者が書いているのは「趣味＝読書」ですが、人気のグローバル企業ほど受験倍率は高く、ありきたりすぎて目に留まりません。

一方、「趣味＝DX（デジタルトランスフォーメーション）に関する本を読むこと」「DXの成功例や失敗例を学ぶこと」などと書くと評価は変わります。DXへの対応は、どの企業でも急務。DXの本を読んだことがなくても、今から選考までに読んで学べばいいのです。**志望企業や志望職種に関することを具体的に書けば、単なる「読書」とは評価が一変します。**

グローバル企業内定者の実例：趣味

アジア諸国レストランの食べ歩き、世界のユニークなコーヒー文化の研究、留学生との書道パフォーマンス、〇〇国に関する本を読むこと、〇〇国の文化・経済を学ぶこと、世界のトップ YouTuber の研究

グローバル企業内定者の実例：特技

- **仕事に活かせる内容**：PowerPointで説得力あるプレゼン資料を作ること、Excelでわかりやすい資料を作ること、動画編集ソフトで目を惹く動画を作れること
- **グローバル企業を意識した内容**：5カ国語での外国人の接客（アルバイト先で習得）、インド人特有の英語がわかる（インド人留学生から学ぶ）、初対面の外国人を1分で笑顔にできる（留学先で習得）

ES頻出質問攻略法⑦
インターンシップの応募理由

POINT
- 「応募理由」がインターンシップ選考の要
- 応募理由の説得力は「企業研究」で高める
- 応募企業の資料などを使って高評価を狙う

☑ インターンシップ選考試験は 「応募理由」 が合否を最も左右する

　グローバル企業のインターンシップ選考試験で合否を最も左右するのは、実は「応募理由」です。**グローバル企業は、実質的にインターンシップを早期選考として実施している**ことが多く、採用担当者は自社で本気で働きたい意思（熱心な志望理由）を表明している学生を優先的に参加させています。そのため、ありきたりな内容や、本気で働きたい意思が読み取れない応募理由は、評価を下げてしまいます。**インターンシップであっても、本選考だと思って応募理由を書くことが極めて重要です。**

☑ その企業 「らしさ」 を盛り込む

　まずは、実際に不合格となってしまった応募理由を見てみましょう。

●インターンシップ応募理由の不合格の例

> 総合商社の仕事に興味を持っているので応募しました。
> 総合商社の仕事は具体的にどういうものかわからず、インターンシップを通して学びたいと思い応募しました。総合商社の仕事内容、仕事に必要な心がまえ、日々の努力、発想力、仕事のやりがいについてぜひ知りたいです。また、貴社の経営理念、トップの考え方、今後の経営計画についても強い興味があります。

一番の問題点は、応募先の企業について具体的に書いていないこと。これでは、企業への熱意が感じられません。また、後半の内容は、通常は企業のWEBサイトに書いてあるため、「その程度の企業研究すらしていない」とみなされ、志望熱意が低いと受け取られます。**応募理由は、企業研究をしっかりと行い、それをもとに組み立てる**ことが大切です。

☑ インターンシップ応募理由の合格の例

次に、実際にインターンシップに合格した例を紹介します。**働きたい熱意と、具体的な理由と根拠**という構成がポイントです。

●合格例1：経営計画の研究内容で応募理由を組み立てた

> 将来、貴社で働きたいと考えているので応募しました。
> 貴社で働きたいと思った一番の理由は、貴社の「2023年度・新５カ年経営計画」を読んだことです。特に感銘を受けたのは、P.15記載の「次世代エネルギー事業の注力案件」です。このインターンシップでは「エネルギー部門」「インフラ部門」などのグローバル職の仕事について理解を深め、学生のうちに勉強すべきことを明確化したいです。

●合格例2：社員紹介ページの研究内容で応募理由を組み立てた

> 貴社の「DX事業の仕事」に特に強い興味があり、応募しました。
> 貴社で働きたいと思った一番の理由は、貴社の「社員紹介ページ」を読んだことです。特に感銘したのは、海外部門社員の鈴木一男様が述べておられる「DX関連事業の仕事内容と日々の努力」（P.20 ～ 21）です。このインターンシップでは「最新のグローバルビジネス」について理解を深め、学生のうちに勉強すべきことを明確化したいです。

Q。 **大学2年生です。インターンシップの募集要項に「参加者の中から選考試験を選抜する場合がある」と書かれていました。今からできる準備を教えてください。**

A。 2年生のうちに、志望企業のインターンシップの選考試験を受けましょう。たとえ落ちてもマイナス評価にはなりませんし、そこで学んだ内容を３年次に受けるインターンシップ選考試験に活用できます。説得力が非常に高まり、ライバルに対して有利になりますよ。

ES頻出質問攻略法⑧
本選考の志望理由
（志望動機）

POINT
- 構成を意識して組み立てる
- 応募企業らしさを盛り込む
- 企業の資料や先輩社員の話で説得力アップ

☑「志望理由（志望動機）」は構成を意識する

　志望理由と志望動機、どちらの表記でも問われていることは同じです。いずれも最初に「志」という言葉があり、次に「理由（動機）」という言葉があります。

　志望理由（志望動機）の文章構成で重要なのは、**まず「志」＝「志望企業に入社して取り組みたい仕事」を書き、次にその「理由」＝「どんな企業研究をし、その志を持ったのか」を書くこと**なのです。

☑「志」と「理由」を書けるかが合否の分かれ目

　実際に不合格になってしまった志望理由の例を見てみましょう。

●本選考の「志望理由」の不合格の例

> グローバルなビジネス展開に大きな魅力を感じています。
> 創業以来100年以上の歴史がある貴社には、グループの強固な顧客基盤があり、かつ、いち早く海外市場に目を向け、グローバルなビジネス展開を活発にしていることに大きな魅力を感じています。貴社ならば、私の就職活動の軸である「世界を舞台に最先端の仕事をしたい」ということが実現できます。私は貴社の優秀な社員の中で切磋琢磨し、自らの力を高め、最も貢献する社員になる所存です。よろしくお願いいたします。

志望理由は「志」を軸にして書くことが大切です。**上記の文章の最大のマイナスポイントは、魅力を感じたことが軸に書かれ、「志」と「理由」が具体的に書かれていないこと。**そして、就職活動の軸が他の多くのグローバル企業にも該当する内容のため、志望企業に対する強い熱意が感じられないことです。**応募する企業ならではの特徴を盛り込みましょう。**

また、インターンシップの応募理由と同様、企業の発行する資料や企業の先輩社員の話（P.42を参照）を盛り込むと志望理由の説得力を高めることができます。次の例も参考に、自分なりの文章を組み立てましょう。

本選考の志望理由の合格例

●経営計画の研究を理由にして組み立てた例

海外保険事業の業務に取り組みたいです。
貴社の「2023年度・新5カ年経営計画」を読み、P.18記載の「海外保険事業部門の注力業務の現状と目標」の内容に感銘を受けました。海外保険事業の部署において、経済動向とリスクを分析し、日系企業の海外事業展開の支援する業務および各進出国における現地企業や一般消費者への保険サービス拡大の業務にぜひとも取り組みたいです。

●OB・OG訪問で学んだことを理由にして組み立てた例

国際営業推進部の仕事に取り組みたいです。
アメリカの〇〇大学に留学した際、貴社の国際部門で働く鈴木一男様と松田秀樹様にOB訪問させていただき、各部門の仕事内容を具体的に伺い、貴社を志望しました。特に志望しているのは国際営業推進部の仕事ですが、グローバル損害サポート部や国際商品開発部の仕事にも強い興味があります。将来的には経営企画部の仕事でも貢献したく思います。

Q。 **明日が提出締め切り日のESがあるものの、志望順位が低いこともあり、内容が思いつきません。こういう場合はどうしたらよいでしょうか？**

A. 志望企業WEBサイトの「経営計画」「アニュアルレポート」「社員紹介ページ」を読み、その内容をもとにして文章を組み立てましょう。文章構成は本書の志望理由の合格文例を参考にすれば、1時間前後で書き上げられると思います。このやり方ならば、明日が締め切りでも間に合いますよ。

自己PR動画・録画面接攻略法

POINT
- 自己PR動画は、録画形式の一次面接と心得る
- 撮影前・撮影時の注意点を押さえる
- 高評価を得るためのポイントを押さえる

☑ 自己PR動画は録画形式で行われる一次面接

　自己PR動画とは、録画形式で行われる、実質的な一次面接です。**自分のスマートフォンで撮影した映像を企業に送る形式と、企業の所定のWEBサイトで質問に答えながら録画される形式の2種類があります。**

　大手企業の5社に1社、特にグローバル企業の代表的な存在である**総合商社の多くでは、一次選考で自己PR動画の提出を求められます。**

　自己PR動画で最も重視されているのは、次の3つです。

自己PR動画の重要評価ポイント		
	ポイント	評価している観点
①	笑顔でハキハキと話しているか	基本的なコミュニケーション力のチェック
②	わかりやすい伝え方をしているか	プレゼンテーション力のチェック
③	自社の仕事に役立つ適性（能力・資質・経験）はあるか	適性のチェック

　①②に関しては、注意すべきポイントは通常の面接と同様です。**③は、応募先の企業の職種に合った内容について話すと高評価を得やすくなります。**応募する企業・職種に役立つ適性を、志望企業のWEBサイトで確認し、アピールしましょう。

☑️ 撮影前の注意点

　自己PR動画のルールは、企業によって異なります。募集要項や制作規定を読んで必ず確認しましょう。代表的な違いは、次の３つです。

① 服装（スーツまたは私服、その他）

② 編集の可否、程度

③ 動画の容量（何メガバイト以上・以下か）

　スマートフォンによる撮影形式の場合は、③がとりわけ重要です。**動画の容量が規定以上だと送信しても受け付けてもらえません。**スマートフォンの「ビデオ撮影」の画質の設定を調整して対応しましょう。

☑️ 撮影時の心得

　自己PR動画は、カメラの位置や目線、表情、話し方などが重要です。次の４つのポイントに注意しましょう。

① カメラのレンズと目線の高さを一致させる

　自己PR動画は、目線が大事です。スマートフォンを縦に使う場合はカメラの位置が正面になるので自然な目線になりますが、横にして使うと不自然な目線になります。**カメラと目線の高さを一致させて撮影しましょう。**

② 録画開始ボタンを押す前から笑顔になる

　笑顔は重要評価ポイントの１つ。自己PR動画は、実際に対面するよりも表情が伝わりにくくなります。**録画開始ボタンを押す前から、はっきりとした笑顔を心がけましょう。**これだけでも第一印象がよくなります。

③ レンズを見て、アイコンタクトする

　通常の面接では、面接官の目を見て話すことが大事なポイント。これは相手が見えない自己PR動画でも同じです。**撮影時にはレンズを見て、常にアイコンタクト（相手と視線を合わせること）を意識しましょう。**

④ 第一声から、ハキハキと大きな声で話す

　自己PR動画は元気のない小さな声になりがち。口を大きく開けてハキハキと大きな声ではっきりと発声し、強調すべき部分は大きな声で話す、身振り手振りなどのジェスチャーを交えるなどの工夫をしましょう。

☑ 高評価が得られる4つのテクニック

　自己PR動画は、対面面接とは異なる工夫が必要です。プレゼン上手と判断され、採用担当者の高評価を得られる4つのテクニックを紹介します。実行可能なものを組み合わせて使いましょう。

① 重要なキーワードは、フリップに書いて見せる

　フリップ（紙、ノート、スケッチブック、ボードなど）にアピールしたいポイントを端的に書いたものを用意しておき、説明の際に見せる。動画はフリップの文字が見にくいことがあるので、重要なキーワードは違う色を使うのがお勧め。視覚的にも面接官の印象に残りやすくなる。

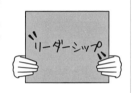

② 内容が伝わる写真を見せる

　自己PRやガクチカを伝えるときは、その内容が端的に伝わる写真を見せる。要素が多い写真だと強調したいポイントが伝わりにくくなるため、できるだけ自分が目立つ写真にしたほうがよい。

③ 話の内容に関する実物を見せる

　話す内容が端的に伝わる実物を見せるのも効果的。たとえば、学園祭のポスター作りをアピールするなら、その説明の際にポスターの実物を見せる。見せるものは大会でもらった賞状や一生懸命がんばったレポートなど、何でもOK。アピールできるものを探してみる。

④ 実際にパフォーマンスしてみせる

　可能であれば、アピールする内容を実際にパフォーマンスしてみせる。たとえば、語学力をアピールするなら、その言語を実際に話してみせると、よりストレートに自身の強みを伝えることができる。

☑ 録画用の原稿が覚えられない場合の秘策

自己PR動画を撮る際には、あらかじめ原稿を作っておきましょう。原稿の内容を覚えられない場合は、次の方法をお勧めします。

①スマートフォンのカメラの近くに、原稿を貼って読めるようにしておく

撮影するスマートフォンの近くに原稿があれば、カメラを見ながら読むことができる。原稿の位置によっては目線がずれてしまうので注意する。

②フリップの裏に原稿を貼り、めくる際に読めるようにしておく

フリップを使用する場合は、その裏に原稿を貼っておくという方法がある。それぞれのフリップに原稿を貼り、めくりながら読むとよい。

③原稿をあらかじめ録音して、それを聞きながら話して録画する

原稿を時間どおりに読んだものをあらかじめスマートフォンで録音しておき、ワイヤレスイヤホンで、それを聞きながら録画する。ワイヤレスイヤホンが動画に映り込まないように注意。

Q. 某総合商社の採用選考で、録画面接を控えています。録画面接用のWEBサイトにアクセスして、音声ガイドにしたがって自己PRやガクチカなどを録画する形式です。ライバルと差別化する方法を教えてください。

A. まずは、録画前に諸注意の案内をきちんと読んでください。そして、フリップ、写真、実物の使用、パフォーマンスの実行が禁じられていない場合は、これらを活用するのが一番です。これらはそもそもプレゼンテーションの基本的な手法なので、ほとんどの企業は禁じていませんし、企業の社員も様々なビジネスシーンにおいて行っています。わかりやすく伝わるよう、社会人がプレゼンしているつもりでアピールしてみましょう。

WEBテスト・SPIを攻略する

POINT
- ◉ 日系グローバル企業の試験はSPI中心に対策
- ◉ 外資系企業はケース問題／フェルミ推定に注意
- ◉ 職種や年度で試験が異なる場合がある

☑ 日系グローバル企業の筆記試験対策

日系グローバル企業の採用試験では、次のような内容で実施されます。

日系グローバル企業の筆記試験の概要	
方式	自宅でWEBテスト形式、もしくは指定のテストセンターで受検
試験内容	①SPI　②玉手箱（言語、計数、性格診断） ③TG-WEB（言語、非言語、性格）④GAB・CAB ⑤企業の独自問題（SPIに類似）⑥企業の独自問題（小論文） ⑦企業の独自問題（ケース問題）⑧デザイン思考テスト ⑨GROW360　⑩CBT（言語、非言語） ⑪ESP（性格診断）⑫その他

※試験は、①②③が主流（全体の8割前後を占める）。

対策は、**SPIの問題を中心に**、応募先の試験のジャンルの問題集で並行して行うと効率的です。志望企業の試験内容は、就職情報WEBサイトや大学キャリアセンターの内定者レポートなどで、複数の情報を比較し、調べてみてください。同じ企業でも、志望職種や年度によって試験ジャンルが異なる場合があるので要注意です。**近年、デザインの考え方をビジネスの問題解決に応用するデザイン思考テストを課す企業が増えています。**入門レベルの解説本を1冊読み、基本を理解してから試験に臨みましょう。

外資系企業の筆記試験対策

外資系企業の採用試験では、次のような内容が実施されます。

外資系企業の筆記試験の概要		
方式	自宅でWEBテスト形式、もしくは指定のテストセンターで受検	
試験内容	①SPI ③ケース問題／フェルミ推定 ⑤企業の独自問題（SPIと類似の問題） ⑦その他	②TG-WEB（言語、非言語、性格） ④玉手箱（言語、計数、性格診断） ⑥Pymetrics

※試験は①②③④が主流（全体の8割前後を占める）。

外資系企業の試験対策も、SPIの問題集を中心に勉強しましょう。また、外資系企業の試験では、「**ケース問題／フェルミ推定**」の問題が筆記・面接ともに頻出します。これらの対策本も１〜２冊読んでおくことをお勧めします。その際、他の人の評価だけでなく、自分にとって説明がわかりやすい本を選ぶことが大切です。その他の試験内容に関しては、日系グローバル企業の試験対策と基本的には一緒です。複数の就職情報WEBサイトなどをチェックし、多くの内定者の情報を手に入れましょう。そうすることで、情報の新しさと正確性を高めることができます。

 第一志望群の企業は、SPIだけではなく、TG-WEBと玉手箱まで対策が必要なようです。本番の試験まできちんと対策ができるのか不安です。

 まずは書店に行って、SPI、TG-WEB、玉手箱の対策本から、自分にとって説明がわかりやすいものを１冊ずつ選んで買いましょう。そして、３冊の目次を読み比べて、内容の共通点、相違点を把握し、共通点の部分は効率よく覚えましょう。相違点の部分は、自分にとって理解が難しすぎる場合は思い切って捨て問題にして、その分の時間を解ける可能性が高いジャンルの問題の学習に使うのが賢いやり方です。また、３冊の中で優先順位が最も高いのはSPIの問題集です。この基本知識があれば、SPIよりもやや難易度が高いといわれるTG-WEBの対策や、素早さが求められる玉手箱の対策もスムーズになります。

内定者が教える、口下手でも受かる方法

「口下手なので試験に受かる自信がありません」という人がいますが、**口下手でも大手グローバル企業への就職を諦める必要はまったくありません。**内定者に聞いた対策のうち、特に効果の高い次の3つの方法を紹介します。

① 説明用の写真をポケットに入れておき、取り出して見せながら話す

・外資系IT企業、日系通信企業の内定者Aさんの実例

大学院での研究を説明する際に写真を使ったところ、口頭だけで説明するよりも楽に、かつ効果的にできた。使用したのは研究室で実験している写真、読み込んだ海外文献の写真、発表の様子の写真、レポートの写真の4点。外資系企業に応募したため、**それぞれの写真について英語でも説明できるように準備し、写真の裏に書いておいた。**

② スケッチブックに要点をまとめておき、ページをめくりながら話す

・外資系コンサルティングファームの内定者Bさんの実例

自己PRやガクチカは、スケッチブックに、**サインペンを使って大きな字で読みやすく要点をまとめた。**PowerPointのスライドのような感じで数枚作成し、**ページの裏側には、英語の説明文を書いて、緊張しても英語で説明できるようにしておいた。**面接で自己PRをする際にこのスケッチブックを取り出して、ページをめくりながらプレゼンのように説明した。

③ 30秒程度のインパクトのある動画を作り、タブレットで見せる

・メガ損保、外資金融の内定者Cさん

大学内の国際交流プログラムの活動で撮った写真や動画を素材にして、動画編集ソフトを使い、約30秒のインパクトある動画を制作。緊張して説明がうまくいかなくても伝わるように、**キャプションやナレーションも入れ、英語版と日本語版の2種類作成。**面接では持参したタブレット端末で再生して見せた。

これらのアイテムを使うと、緊張がほぐれて話しやすくなります。**①の写真を活用する方法は、準備に手間が掛からず、面接本番で実行しやすく、**お勧めです。

グローバル企業・外資系企業の面接対策

グループディスカッション（GD）から、
グローバル企業・外資系企業の採用で重視されるケース面接、
フェルミ推定といった頻出質問の攻略法まで、幅広く紹介します。
新卒・中途採用の面接のシミュレーションも日本語と英語で
収録しているので、何度も練習して対策を万全にしてください。

01

グローバル企業の GD攻略法

POINT

- ● GDはWEBで実施されることが多い
- ● ロジカル（論理的）な伝え方・チームワーク力・リーダーシップ力が求められる

☑ グローバル企業の一般的なGD形式

　現在のGD試験は、多くの場合WEBで実施されます。大手企業では、WEBでの実施が８割、対面での実施が２割の比率です。参加人数は４〜10人、時間は20〜90分が一般的。ただ、コンサル業界を中心に、20分や30分といった短時間で実施される場合も多いです。無駄を省き、最小限の時間で効率よく仕事を遂行できる力があるかがチェックされます。

☑ GDで重視される3つのポイント

❶ ロジカルな伝え方

➡ 文化・伝統・習慣・価値観などが日本人と異なる外国人にも誤解が生じないよう、**客観的なエビデンス（根拠や証拠、裏付け）をもとに論理的に伝えられるかどうか。**いわゆる「地頭のよさ」が求められる。

❷ チームワーク力

➡ チームのメンバーと信頼関係を築き、協力して、チームの目標を効率よく達成できるかどうか。採用担当者やメンバーから一緒に働きたいと思われる行動・発言をしているかが重視される（一緒に働きたいと思った人をGDの後で聞かれることもある）。**笑顔であいさつ、思いやりの気持ち、チームに貢献する言動**を心がけることが重要。

3 リーダーシップ力

→メンバーを巻き込み、高い成果を上げられること。**外国人メンバーにも物怖じせずに発揮できる強いリーダーシップ力**があるかも確認している。

☑ リーダーシップ力で高評価を得る発言

　グローバル企業の採用担当者が特に重視するのは、リーダーシップ力です。GDでは一般的に司会がリーダーの役職を務めますが、P.90で紹介したとおり、**どんな役割でもリーダーシップを発揮することは可能です。**

　リーダーシップ力で高評価を得るためには、発言内容も重要です。GDの様々な場面で以下のような発言をすると、リーダーシップを発揮していると認識され、高評価を得ることができます。

目的 **全員参加のチーム作り**

場面	特定の数人だけで話し続けている、まったく発言をしない人がいる
例	「全員で意見を出し合って、議論を進めていきませんか？」

目的 **タイムマネジメント・役割の付与**

場面	与えられた時間内に、結論を出さなくてはならない
例	「時間内に結論を出すためのタイムテーブルを考えました。チームとして機能するよう、司会や書記など各自が役割を担いませんか？」

目的 **意見の著しい偏りの正し方**

場面	議論が1つの意見や否定的な意見だけに偏っている
例	「時間内に緻密な議論をしていくために、これまで出た意見とは異なる観点の意見も幅広く検討しませんか？」

目的 **わかりにくい専門知識の発言者への対処**

場面	わかりにくい専門知識を話す人がいる
例	「〇〇さん、全員がこの論点を完全に理解できるように、専門知識がない人にもわかりやすく解説していただけますか？」

目的 聞き取りにくい英語の発言者への対処

場面	早口や訛りの強さなどで、英語が聞き取りにくい人がいる
例	「グループには英語がネイティブレベルではない人もいます。聞き取れるように十分にゆっくり話していただけませんか？」 「あなたの意見をもれなく理解したいので、要点を書いていただけませんか？」

☑ タイムマネジメントの秘訣

GD試験は、制限時間があります。タイムテーブルを作る際は、**ディスカッション時間と議題、達成目標の３点を考慮しましょう。**以下の要素から必要なものを選び、適度な時間を割り振ります。

タイムテーブルの作り方（制限時間90分、プレゼンありの場合）

項目		所要時間例
①自己紹介		5分
②役割分担	司会、書記、タイムキーパーなどの役割決め	
③テーマの解釈の確認	言葉の意味や、範囲・期間などの確認	5分
④テーマのリサーチ	テーマに関する情報を幅広く収集する	10分
⑤ブレーンストーミング		15分
⑥仮説構築		
⑦仮説に関するデータ収集		10分
⑧仮説検証・修正	仮説の有効性、新規性（革新性・未来性）、収益性の確認	15分
⑨結論構築		
⑩プレゼン資料作成		10分
⑪プレゼンのリハーサル	本番同様に行う。２回は行うことが望ましい	15分
⑫最終調整	制限時間内に収め、プレゼン資料を見やすくする	5分

02

ケース面接の攻略法

POINT

- ◎ 面接の3大重要質問はケース面接・リーダー経験・異文化コミュニケーション経験
- ◎ ケース面接は掘り下げ質問の対策が必須

☑ グローバル企業の3大重要質問

グローバル企業の面接試験では、以下の3つの質問が重視されています。

❶ケース面接（新事業提案、課題解決の質問）
❷リーダーシップを発揮した経験を問う質問
❸異文化コミュニケーション経験を問う質問

❶のケース面接が実施されるのは、以前は外資系企業だけでしたが、近年は日系グローバル企業でもめずらしくなくなりました。**総合商社、コンサル、メガバンク、メガ損保、広告、航空のグローバル職などの面接では特に頻出**なので要注意です。説得力のある返答の仕方を身につけましょう。

❷のリーダーシップを発揮した経験を問う質問は、ESの頻出項目でもありますが、**面接の場合は回答を深掘りする掘り下げ質問が次々と続きます**。どんな掘り下げ質問があるのか、それぞれどのように答えると高評価につながるのかを押さえておくと、本番での成功に近づきますよ。

❸の異文化コミュニケーション経験を問う質問が重視されるのは、グローバル企業では外国人社員や顧客（クライアント）の外国人担当者との協業が頻繁にあるからです。留学経験や海外居住経験がなくても不利にはなりませんので、採用につながる返答の仕方をしっかり押さえましょう。

☑ ケース面接とは

　グローバル企業の面接質問で、最も難しいといわれるのが「ケース面接」です。これは、**与えられたお題に対して面接官とやり取りを重ねながら新事業の提案や課題の解決策を提案する形式です。テーマは社会や経営の新事業提案や課題解決のほか、突拍子もないお題を出されることもあります。**

　ケース面接を企業が課す意図は、**難題に立ち向かう姿勢から論理的思考力・思考の柔軟性・コミュニケーション能力などを測るため**です。通常は、新事業や新製品、新サービスの企画・開発、業務の課題解決に携わる職種を志望する受験者に対して問われます。重要なポイントは業界を問わず共通しています。ポイントを押さえながら事例を見ていきましょう。

ポイント① ケース面接の注意点

解は1つだけではなく、複数、あるいは無数にある。1つの案に固執せず、幅広い視野で柔軟に考える必要がある。

面接官は、解決策を導き出すプロセス、論理性、粘り強い取り組み方を重視し、合否を評価する。完璧な答えでなくても、これらが満たされればよい。

どうしてもわからない場合は、自分だけで考えず、ダメもとで面接官に質問をするとよい。面接官との対話から、重要なヒントを得られることがある。また、対話しようとする姿勢から、評価アップも期待できる。

ポイント② ケース面接と対策

面接官との対話で返答の糸口を探り出す。

➡面接官に質問をすることによって、最適な返答のヒントが得られる。

WEBサイトのIR情報などを事前にチェックする。

➡ 志望企業の「経営計画」「アニュアルレポート」「社員紹介ページ」「株主通信」
「社長メッセージ」「プレスリリース」「社員インタビュー」などの内容を根拠
に話すと論理性がアップし、返答も組み立てやすい。とりわけグローバル職
の社員紹介ページは各国での営業活動の具体例が書かれており、成功例のみ
ならず、成功に至るまでの苦労話や失敗例までも掲載されていることが多い。

頻出の掘り下げ質問の対策を立てておく。

➡ 事前に返答を想定して対策をする。WEB面接の場合は、参考になりそうなペ
ージをプリントアウトして、すぐに見られるよう手元に用意しておく。

ポイント③　ケース面接で高評価を得る方法

●面接官との対話で返答の糸口を探り出す

①	まったく何も思い浮かばない場合はヒントを与えてもらう。 例：「1つ質問してもよろしいでしょうか？　どんな着眼点でアイデアを組み立てるのが、最適でしょうか？」
②	自分の考えに不安がある場合は確認をする。 例：「△△△の観点でアイデアを組み立てようと思うのですが、これについてどう判断されますか？」
③	複数の考え方を思いついて迷った場合は、面接官にどちらがよいかを判断してもらう。黙ったり諦めたりせず、面接官と対話をして、方針を探ることが大切。 例：「○○の観点での考え方と、□□の観点での考え方と2種類考えました。この場合は、どちらで進めるとよいでしょうか？」

（例）

面接官：その事業を推進する際の障害となる課題は何ですか？

受験生：障壁となる課題は○○と△△です。御社のWEBサイトの「経営計画」
　　　　に書かれていた3つの主要事業計画に掲載されていた課題が●●や▲
　　　　▲でしたので、これらを参考に、現実的な課題を推察しました。

　　　　➡ 企業のWEBサイトのIR情報などを根拠にして具体的に話すと、論理
　　　　　的で説得力がある返答となる。

この後も同様に掘り下げ質問が繰り返されます。次の質問の対策をしておくと高評価を得やすくなります。

頻出の掘り下げ質問の対策を立てておく

・ターゲットは何ですか？　その理由は？
・実行にあたっての懸念点は何ですか？　その理由は？
　どう対処しますか？
・どうやって売りますか？　売れる理由は？
・競合企業は？　どうやって勝ちますか？
・収益目標は？　短期的な売上目標と長期的な売上目標は？
・収益化の段取りは？
・このプロジェクトで、あなたはどの部分にどう貢献できますか？

掘り下げ質問のパターンは、外資系・内資系（日系）、業界・企業を問わず、ほぼ同じです。自分が入社後に担当したい業界をいくつか想定して、返答の練習をし、頻出の掘り下げ質問の返答に慣れておきましょう。次の質問の予測ができ、落ち着いて対処できるようになります。また、試験日程の早い企業を練習として受験し、ケース面接に慣れておきましょう。

Q. 第一志望のグローバル企業でケース面接が実施されると知りました。受かるための対策を教えてください。

A. やるべきことは、3つです。1つ目は、本書で、ケース面接で高評価を得るポイントをしっかり学び実行すること。2つ目は、志望企業の過去数年間程度の面接で、どんなケース面接の質問があったかを調べること。キャリアセンターや就職情報WEBサイトなどに掲載された内定者のレポートが参考になります。3つ目は、本命の面接試験の前に実践的な練習をすることです。キャリアセンターや社会人の先輩、内定者などに頼んで、模擬面接をしましょう。面接官は、完璧な答えを要求しているのではなく、案を導き出すプロセス、論理性、粘り強い取り組み方を合否の判断要素にしています。対策をして、自信を持って笑顔で真摯に答えていけば、高い評価が狙えます。

03

リーダーシップを発揮した経験を問う質問

POINT
- リーダー職の経験の有無は重要ではない
- リーダーシップ経験を問う質問は頻出5タイプと回答の指針を押さえる

☑ リーダーシップ経験の回答で重要なポイント

リーダーシップ経験を問う質問は、ESでも面接でも頻出です。繰り返しになりますが、**この質問で最も重要なのは、リーダー職の経験がなくても高評価を得られることです。**主将やゼミ長、アルバイトリーダー、部長といったリーダー職でない役職(書記係、渉外係、連絡係など)や、単なるメンバーであっても、**周りにプラスの影響を与える言動をしていれば、リーダーシップ経験として高評価を得ることができます。**

少人数の組織や短期間しか所属していなかった組織での話でも、リーダーシップを発揮した経験があれば、高評価を得ることができます。ESに書いた内容でも、より具体化したり、別の場面での経験を追加したりして述べれば問題ありません。どのような経験も、臆することなく堂々と答えることが大切です。リーダーシップ経験の種類については、「ES頻出質問攻略法② リーダーシップ経験」(P.90参照)も参考にしてください。

☑ リーダーシップ経験を問う5タイプの質問

リーダーシップ経験については、5つのタイプと8種類の質問があります。次ページでは、どのような質問があって、どう答えると高評価を得られるのかを解説します。

暗にリーダーシップ経験を問う

❶ 今まで所属していた組織では、どんな貢献をしましたか？
❷ 今まで所属していた組織では、どんな役割でしたか？
【合格返答の指針】
　❶❷とも**直接リーダーシップ経験を聞いてはいませんが、期待されている返答内容はリーダーシップ経験の有無です。**面接ではこのタイプの質問が一番多く登場します。その理由は、実際にリーダーシップ経験がある学生は、この質問でもリーダーシップ経験について答えるからです。また、直接的な質問をすると、リーダーシップ経験がない学生が無理やり創作して答えることがあるためです。この２点に注意して返答しましょう。

タイプ2 **学生時代に力を入れたことの質問の中で**
リーダーシップ経験を確認する

❸ 学生時代にがんばったことは何ですか？　その活動においてリーダー
　職の経験を発揮したことはありますか？
【合格返答の指針】
　最初に「学生時代にがんばったこと」をたずねて、次に「リーダーシップ経験」を聞く二段構成の質問は、二番目に多いタイプです。ゼミや研究活動、部活動・サークル活動、アルバイトやボランティア、留学・海外研修などのうち、**実際にリーダーシップ経験を発揮したことがあるものを選んで回答しましょう。**

タイプ3 **リーダーシップの捉え方を確認する**

❹ あなたにとってリーダーシップとは何ですか？　それを発揮した経験
　はありますか？
❺ 組織においてリーダーシップが大切な理由は何ですか？　それを発揮
　した経験はありますか？

【合格返答の指針】

　まず「リーダーシップの捉え方」をたずね、次に「リーダーシップ経験」を聞くという二段構成の質問は、三番目に多いタイプです。**高評価を得るためには、後半で「自身のリーダーシップ経験を具体的に説明すること」が必要不可欠です。リーダーシップについての理論的・抽象的な説明に終始してしまわないように注意しましょう。**

タイプ4 **単刀直入にリーダーシップ経験を確認する**

❻ リーダーシップを発揮した経験はありますか？

❼ チームのメンバーを巻き込み、変化を主導した経験はありますか？

【合格返答の指針】

　こうした単刀直入に聞く質問の場合は、返答をしても「ほかにもリーダーシップを発揮した経験はありますか？」「ほかの場面でリーダーシップを発揮したことは？」と、**次々に質問を重ねてくることがあります。**リーダーシップ経験を発揮したエピソードは、複数用意しておきましょう。

タイプ5 **志望理由の質問の中で、リーダーシップ経験を確認する**

❽ 当社でどんな仕事をしたいですか？

　その仕事は、リーダーシップの素養が求められます。今までにリーダーシップを発揮した経験はありますか？

【合格返答の指針】

　志望する職種によっては、志望理由に関する質問の中でリーダーシップ経験を問われる場合があります。**高評価を得るには、志望職種で発揮したいリーダーシップと、学生時代のリーダーシップ経験に共通点を持たせることが大事です。**WEBサイトの社員紹介ページで先輩社員はどんなリーダーシップを発揮しているのかを調べたり、会社説明会や会社訪問、インターンシップ、OB・OG訪問などで、仕事でどんなリーダーシップを発揮することが求められているかを確認したりしておきましょう。

異文化コミュニケーション経験を問う質問

POINT	● 留学経験やTOEICスコアよりも実践的な英語力をアピールする
	● 5タイプの質問と指針を押さえる

☑ 異文化コミュニケーション経験を問う質問で 高評価を得るための重要ポイント

異文化コミュニケーション経験を問う質問はESでも定番項目ですが、**面接では5つのタイプの質問が頻出します。**この項目で紹介する注意点や合格返答の指針を踏まえ、高評価を得られる方法を学んでください。

就職情報WEBサイトに掲載された内定者レポートを見ると、「海外大学への留学経験」や「海外居住経験」を面接でアピールしている学生が目立ちます。しかし、こちらも繰り返しになりますが、**海外大学への留学経験や海外居住経験がなくても高評価が得られる**ことが重要なポイントです。

次に紹介する頻出質問のバリエーションと返答の秘訣や、高評価になる異文化コミュニケーション経験、今からでもできる異文化コミュニケーション経験（P.100参照）を参考にして対策を練り、自信を持ってアピールしましょう。

☑ 異文化コミュニケーション経験を問う5タイプの質問

異文化コミュニケーション経験の質問は、5タイプに分類されます。次ページで解説する「合格返答の指針」を参考に、自分なりに返答を組み立ててみましょう。

タイプ1 留学経験を問う質問

（例）留学経験はありますか？

【合格返答の指針】

　面接における一番多い質問です。この質問をされると、留学経験があることが内定の条件と勘違いしてしまう人が大多数ですが、**この質問の意図には、「留学経験」以外にも、「異文化コミュニケーション経験」「実践的な英語力」の確認があります。**留学経験がない人は、「留学経験はありませんが、〇〇に取り組み、異文化コミュニケーション経験を積み重ね、実践的な英語力を培いました」といった返答をすれば大丈夫。留学経験がある人は、留学経験の説明の中で、異文化コミュニケーション経験と実践的な英語力をアピールしましょう。

タイプ2 英語力を問う質問

（例）あなたの英語力について教えてください。

【合格返答の指針】

　面接において、二番目に多い質問です。**注意点は、「英語力＝TOEIC・TOEFL・IELTSなどのスコア」だと誤解しないこと。**ビジネスパーソンにとっては、「英語力＝ビジネスで実践的に使える英語力」を意味しています。TOEICなどのスコアをアピールすることも大事ですが、英語力が実戦的に使えるというアピールは、それ以上に重要です。英語力の質問をされたら、英語の資格のスコアのみならず、P.100のような「英語を実際に使える証明」となるような異文化コミュニケーション経験を話しましょう。

タイプ3 外国人の友人の有無を問う質問

（例）外国人の友人はいますか？

【合格返答の指針】

　合格返答の指針：質問の意図は、**異文化コミュニケーション経験や実践的な英語力を日常的に発揮しているかの確認です。**クラスやサークル、ア

ルバイト先の留学生、大学の国際交流プログラムで知り合った留学生、留学で知り合った外国人学生など、外国人の友人との異文化コミュニケーション経験について具体的に話せば高評価を得られます。

　外国人留学生が周囲にいない人は、大学の英語クラスや英会話スクールの先生とのコミュニケーション経験について話しましょう。**このような経験がない人は、オンライン英会話を活用することをお勧めします。**オンライン英会話はマンツーマンレッスン形式で、外国人講師とのコミュニケーションを取りやすいです。受講の際は、相手国の伝統・文化・流行を聞いたり、日本製品の感想などを聞いたりするとよいでしょう。受講回数を重ねるごとに、面接でアピールできるネタが溜まります。

タイプ4　海外生活経験を問う質問

（例）海外で生活していたことはありますか？
【合格返答の指針】

　質問意図は、異文化コミュニケーション経験や実践的な英語力の確認です。代わりに「異文化コミュニケーション経験」や「実践的な英語力の発揮経験」を話せば、合格評価を得られます。海外生活経験がなくても、心配する必要はありません。

タイプ5　海外旅行経験を問う質問

（例）海外旅行はしたことがありますか？
【合格返答の指針】

　この質問は、**人物評価・合否判断が目的ではなく、面接冒頭でのアイスブレイク（場を和ませる。面接官と受験者が打ち解ける）の一環として聞かれることが多いです。**リラックスして答えれば心配無用。もし可能であれば、返答の中で異文化コミュニケーション経験や、実践的な英語力を発揮した経験を話すとよいでしょう。人物評価も高めることができます。

05

クリティカルな
掘り下げ質問の傾向と対策

POINT
- グローバル企業の面接では「なぜ？」が多い
- 自分の考えを検証し、妥当性・客観性を持たせることが重要

☑ グローバル企業の面接は「なぜ?」「ほかには?」が多い

グローバル企業の面接官は、「**クリティカルシンキング（critical thinking)**」をベースにした掘り下げ質問をする傾向があります。**外資・コンサル・総合商社・メガバンク・メガ損保では、特に頻出**のため、対策は不可欠。ケース面接でも、この掘り下げ質問はよく聞かれます。

クリティカルシンキングとは、**物事について考える際、考えを鵜呑みにせず、前提や考え方の間違い（思考の偏り）がないかを検証して、意見に妥当性・客観性を持たせる思考法です。**

激しく変化する環境下に様々な国で事業を展開する、競争相手が非常に多いグローバル企業の社員は、過去の成功モデルにとらわれていては今後の成功は望めません。そのため、ビジネスを成功させるための思考法として、このクリティカルシンキングが重視されています。

☑ 8つの掘り下げ質問への対策を立てる

グローバル企業の面接では、クリティカルシンキングをベースとした次の8つの掘り下げ質問が頻出します。そのうち、**特に重要性が高く頻出するのは①②④⑤です。** ポイントを参考にして、対策を立てましょう。

	1. 前提とする根拠を疑う質問
①	「その意見の前提となる根拠（情報）は何ですか？」
②	「検討すべき要素（情報）は、ほかにもありませんか？」
③	「その根拠（情報）は、信頼できますか？」

【ポイント】

①②は、志望企業が公表するデータ、新聞・ビジネス誌の記事、政府統計・白書などから**複数の情報を根拠にして答えると説得力が高くなります。**社員が最も信頼性が高いとみなすのは、自社が公表しているデータですので、③はこれらを主要な根拠にして返答するとよいでしょう。憶測による意見、客観的な根拠にもとづかない意見を言うと、厳しい掘り下げ質問が来るので要注意です。

	2. 考え方を疑う質問・思考の偏りを正す質問
④	「ほかにはどんな意見が考えられますか？」
⑤	「〇〇の視点で考えたら、どんな意見になりますか？」
⑥	「これでよいはずだという思い込みにとらわれていませんか？」
⑦	「過去の成功パターンに無意識のうちにとらわれていませんか？」
⑧	「不都合な結論、厳しい結論が出ることから逃げていませんか？」

【ポイント】

④は、複数の案を聞かれると想定して事前に考えておきましょう。⑤は、すぐに思いつかない場合は面接官にヒントをもらうことをお勧めします。⑥⑦⑧は、いずれも**クリティカルシンキングに即した組み立て方で返答する**ことが重要です。たとえば「その可能性を排除せず、入念に検証することが大切だと考えます」と切り出して、「〜なので、異なる結論の仮説をいくつか立てて検討したく思います。たとえば……」のように組み立てると、高評価が期待できます。

フェルミ推定の質問対策

POINT	◎ フェルミ推定は論理的な推論が重要
	◎ 6つの手順をもとに解答を導き出す
	◎ 困ったら面接官からヒントを引き出す

☑ 手掛かりから論理的に推論するフェルミ推定

　フェルミ推定とは、実際に調査することが難しい数量や規模をいくつかの手掛かりをもとに論理的に推論して、短時間で概算する方法です。正確な数値を求めているわけではなく、論理的な推論ができるかどうかを重視しています。フェルミ推定の考案者は、イタリアの物理学者でノーベル物理学賞を受賞したエンリコ・フェルミ。彼がシカゴ大学の学生に対して「アメリカのシカゴには何人のピアノの調律師がいるか？」という突飛な問題を出題したことから、フェルミ推定が始まったとされています。

　フェルミ推定の質問は、論理的思考力・課題解決力を測る手法として、コンサルの就職試験で頻出です。

フェルミ推定の問題例

・日本で1年間に食べられるカレーライスの量は？

・ある都市の大手カフェチェーンAの1日の売上は？

・日本で1年間に飲まれる缶コーヒーの本数は？

・日本で1年間に売れるスマートフォンの台数は？

・国内有数のテーマパークBの年間入場者数は？

・日本で1年間に消費されるトイレットペーパーの長さは？

☑ フェルミ推定の解答を導き出す手順

　就職試験で出題されるフェルミ推定の問題は、次の**6つのSTEPで解答（概算数）を導き出すと高評価を得られます。**以下の表を参考にして答えを導いてみましょう。

　一部の問題ではSTEP 2〜4を入れ替えたり、別のSTEPを挟んだりするほうがわかりやすくなる場合もあります。問題内容によっては手順を変えるなど、工夫してみましょう。

フェルミ推定の基本の手順

STEP 1	前提確認	問題文の言葉の定義を確認する。
STEP 2	計算式の設定	解答を求めるための（大まかな）計算式を設定する。
STEP 3	セグメンテーション	より現実的な解答を得るための場合分け※を行う。 例：年齢層、性別など
STEP 4	条件の仮定	計算式に場合分けを組み込み、各要素の条件（数値）を仮定する。
STEP 5	概算式の算出	場合分けした計算式に、各要素の数値を代入して計算する（概算数）。
STEP 6	現実性の検証	概算数が現実と乖離していないか検証。ほかの仮説も成り立つか検証する。

※場合分け：一気にまとめて扱うのが難しい問題をいくつかの場合に分割して考えること。

6つの手順をもとにしたフェルミ推定の解答例

●問題：「日本で1年間に食べられるカレーライスの量は？」

STEP 1	前提確認	「日本」＝日本在住の日本人と外国人の合計を1億人とする。 「カレーライス」＝家庭、お店、学校給食など、場面は関係なく、すべて含むものとする。 「量」＝1食分を1単位の量とする。
STEP 2	計算式の設定	日本で1年間に食べられるカレーライスの量は、1人が1年間に食べる数×人口で求められる。 1人が1年間に食べる数＝365日÷（1食を何日ごとに食べるか）で算出する。

STEP 3 セグメンテーション	年齢層によって食べる頻度が違うと推定して場合分けする。 ・10〜60歳＝食べる頻度（＝数）が多い ・0〜9歳＋61歳以降＝食べる頻度（＝数）が少ない
STEP 4 条件の仮定	・条件①10〜60歳の人口を5千万人として、それぞれが1週間に1食（1回）食べると仮定 ・条件②0〜9歳＋61歳以降を5千万人として、それぞれが3週間に1食（1回）食べると仮定
STEP 5 概算式の算出	日本で1年間に食べられるカレーライスの量 ＝1人が1年間に食べる数（365日÷（1食を何日ごとに食べるか））×人口 ＝（365日÷7日）×5千万人＋（365日÷21日）×5千万人 　　　　条件①　　　　　　　　　　条件② ＝約34億7600万食
STEP 6 現実性の検証	答えの約34億7600万食は、常識に照らして多すぎず少なすぎず、現実離れした数値ではないため、今回はOKとする。 ※時間の余裕があれば、ほかの推定方法がないか別の仮説も立てて検証する。

☑ 面接時の解答のポイント

フェルミ推定の問題に解答する際は、次のポイントに注意しましょう。

●問題文を告げられたら、面接官の許可を取ってノートや手帳を取り出します。ノートにメモを取りながら、上記の6つのSTEPを軸に効果的な手順を考え、STEPごとの作業を進めていきます。

●3〜10分程度のシンキングタイムがある場合もあります。面接官に質問できる形式の場合は、面接官を職場の先輩と考えて、2人でチームを組んで問題解決をしていると想像するとよいでしょう。

●STEP1・2は、極めて重要です。「問題文の言葉の解釈」が妥当かどうか、一度面接官に聞くことをお勧めします。また、その解釈にもとづいて設定する「（大まかな）計算式」も、作ったものにコメントをもらい、必要に応じて修正しましょう。どうしてもわからないことがあったら、ヒントをもらえないか確認してみるのがお勧めです。

●たとえ難しい問題であっても、無解答だけは絶対に避けましょう。

グローバル企業の
一次面接シミュレーション

[音声はこちらから]

質問文

回答例

POINT

- まずは日本語面接の対策を立てる
- 英語面接がある企業を受ける場合は、英語でも返答を考えておく

☑ グローバル企業の面接を疑似体験しておく

グローバル企業の面接対策を実践的に行えるよう、採用選考の段階別に模擬面接ができる質問集を用意しました。質問と合格返答の指針を参考にしながら、**まずは日本語で返答を組み立ててください。英語面接がある企業を受験する人は、英語の音声（QRコード）を聞き、英語でも返答を組み立ててみましょう。**

- 一次面接シミュレーション（当項目／ P.134 ～ 141）
- 二次面接シミュレーション（P.142 ～ 149）
- 三次～最終面接シミュレーション（P.150 ～ 162）

※英語面接の有無は必ず事前に確認する。ただし、確認相手が年配の社員の場合は、当時の面接と現在の面接ではやり方が変わっている可能性があるため、複数の情報から判断するようにする。

☑ グローバル企業の一次面接シミュレーション

グローバル企業の一次面接の頻出質問を掲載します。本選考やインターンシップ選考の面接で業界を問わず質問されますので、合格返答の指針を参考に返答を考え、ノートに書き出すなどして推敲しましょう。

Question 1. 自己紹介してください。
Please introduce yourself.（Tell me about yourself.）

━━━

回答例 ABC大学経済学部の佐藤一郎と申します。大学では、実践的な英語力の習得に力を入れてきました。たとえば、朝は英字新聞を読み、午後は英語ディベートサークルで議論を戦わせ、夜は外国人の友人３名と情報交換をしています。

My name is Ichiro Sato and I am a student at ABC University's Faculty of Economics. At university, I have focused on acquiring practical English skills. For example, I read English newspapers in the morning, debate in an English debate circle in the afternoon, and catch up with three foreign friends in the evening.

【合格返答の指針】
　自己紹介の中に「最も伝えたいアピールポイント」を簡潔に入れるとよい。強く印象づけることができ、この後の掘り下げ質問を誘導できる。

Question 2. 当社に興味を持った理由は何ですか？
Why are you interested in this company?

━━━

回答例 御社の「経営計画」P.15の海外DX事業計画を読んで、強い興味を持ちました。御社の社員紹介ページで実際にその仕事に取り組んでおられる田中様の営業努力を知って、ますます御社で働きたくなりました。

I am interested because I read the overseas DX business plan on page 15 of your company's management plan and was strongly interested in it. When I learned about the sales efforts of Mr. Tanaka, who is actually engaged in this work, on your company's employee introduction page, I became even more interested in working for your company.

【合格返答の指針】
　企業を知った軽いきっかけではなく、深い企業研究をして感銘を受けたことを述べると、ほかの受験者と差別化でき、かつ志望熱意の高さが伝わ

る。社員に仕事内容を質問する、企業のWEBサイトの社員紹介ページで仕事内容を研究する、経営計画やプレスリリース、ビジネス誌・新聞記事で仕事のビジョンや現状、具体的な事例、評価を研究するのがお勧め。

Question 3. 当社の仕事に応募した理由は何ですか？
Why did you apply for this job?
(Why do you want this job?)

回答例 御社の海外DX事業に取り組みたいと思ったからです。私は御社を含め3社の海外DX事業を経営計画、プレスリリース、会社説明会での情報収集によって比較研究しましたが、革新性と収益性において御社のものが秀逸です。そのため、御社の仕事に応募させていただきました。

I want to work for your company's overseas DX business. I have compared and researched the overseas DX businesses of three companies, including your company, by gathering information from management plans, press releases, and company information sessions, and your company is superior in terms of innovation and profitability. Therefore, I have applied for the job at your company.

【合格返答の指針】

こちらも、**Question 2.**と同様に仕事内容を深く研究して感銘を受けたことを述べるとよい。

Question 4. 当社について知っていることは何ですか？
What do you know about us ?

回答例 たとえば、御社の創業者が作った最初の経営理念、御社が業界シェア１位を獲得する要因となったヒット商品の営業努力、今後の３つの重点経営目標などです。これらを具体的に知って、御社が第一志望になりました。

For example, the initial management philosophy created by your company's founder. The sales efforts of a hit product that contributed to your company's acquisition of the No.1 market share in your industry. Your company's three key management goals for the future, and so on. Knowing these specifics made your company my first choice.

【合格返答の指針】

　創業者やヒット商品など、<u>その企業の根幹や、社史における重要なトピックについて述べると、志望熱意の深さが感じられて好印象。</u>

Question 5. あなたの強みと弱みは何ですか？
What are your strengths and weaknesses?

回答例 強みは、大学のゼミで学んだ「世界各国の最新のターゲティング広告の知見」が御社の仕事に活かせることです。弱みは、「生成AIのマーケティング活用の知見」が十分でないことです。大学でAIの研究をしている教授の授業を取って理解を深め、御社の仕事で活かせるようにしたいと思います。

My strength is that I can apply the "knowledge of the latest targeted advertising from around the world," which I learned in a university seminar, to my work at your company. My weakness is that I do not have sufficient "knowledge of marketing applications of generative AI. I would like to deepen my understanding by taking classes with professors who are researching AI at university, so that I can make use of this knowledge in my job at your company.

【合格返答の指針】

　<u>Question 3.で紹介した方法で希望する仕事に役立つ強みを分析し、答えると好印象。</u>掘り下げ質問として、「その強みが発揮された具体的な事例」と「当社の仕事にどう活かすか」が頻出する。また、ビジネスパーソンの弱みとは、仕事で足りないスキル、経験、マインドセット、人脈など。<u>仕事で求められるスキルなどを調べ、足りないものを答えるとよい。また、弱みを改善する努力について述べると向上心が伝わる。</u>

この仕事の責任は何だと思いますか？
What do you think of the responsibilities of this job?

■回答例■ 重要な責任は２点あると思います。１つ目は社会への責任で、食料自給率の低い日本に十分な量の食料を安定的に供給し続けることです。２つ目は顧客への責任です。健康的で安全な食料を安価に供給し続けることです。御社の経営理念、社長メッセージの内容、会社説明会での佐藤様のお話をもとにお答えいたしました。

I think there are two important responsibilities. The first is our responsibility to society, which is to continue to provide a stable supply of sufficient food to Japan, which has a low food self-sufficiency rate. The second is our responsibility to our customers. To continue to supply healthy and safe food at a low cost. Based on your company's management philosophy, the contents of the president's message, and Mr. Sato's speech at the company briefing, I have given you this answer.

【合格返答の指針】

　ビジネスパーソンにとっての責任は、<u>①お客様への責任、②社会への責任、③取引企業への責任、④部署・チーム内の他の従業員への責任、⑤社内の他部署（の従業員）への責任、⑥株主への責任、⑦グループ企業への責任の7種類がある。</u>その中から複数の種類を選び、答えるとよい。

Question 7. **あなたにとって「チームワーク」とは何ですか？**
What does 'teamwork' mean to you?

■回答例■ 仕事におけるチームワークで大切なことは２つあると思います。１つは、売上などの具体的な数値を目標設定すること。もう１つは、この目標を達成するために必要な様々な作業を、メンバー全員で協力し合って効率的に達成することです。このように回答した理由は、御社の社員紹介ページの各社員のチームワークの取り方を分析したこと。また、私自身、アルバイトでメンバーと実践していたことだからです。

I think there are two important things in teamwork at work. One is to set specific numerical targets such as sales. The other is to efficiently achieve the various tasks necessary for reaching this goal through cooperation among all members. The reason I said this is because I analyzed how each employee works as a team on your company's employee introduction page. Also, it's because I was working part-time with the other members.

【合格返答の指針】

相手の企業に必要なチームワークのあり方について調べ、**それに沿う形で自分の具体的な経験を組み合わせて述べるとよい。**

Question 8. **海外生活や留学の経験はありますか?**
Do you have any experience of living or studying abroad?

回答例 海外生活や留学の経験はありません。しかし、それを補完するために3つの努力をしました。1つ目は、授業や大学の国際交流イベントを通して、留学生の友人を作ること。2つ目は、英語で実施される授業を取ること。3つ目は、オンライン英会話を受講して、毎日英語を話すことです。

I have no overseas or study abroad experience. However, I made three efforts to complement this. First, I made friends with international students through classes and international exchange events at the university. Secondly, I took classes taught in English. Lastly, I took online English conversation classes and spoke English every day.

【合格返答の指針】

海外での生活や留学経験があればその内容をアピールする。ない場合は**異文化交流経験、異文化コミュニケーション力、実践的な語学力などをアピールするとよい。**

Question 9. 最近のニューストピックで気になるものは何ですか？
What recent news topics are you interested in?

回答例 私が最も気になったものは、先週の御社のプレスリリースに書かれていたアメリカ市場で来月10日に販売される新製品３点の紹介記事です。

The topic I was most interested in was the article in your press release last week about the three new products that will be available in the US market on the 10th of next month.

【合格返答の指針】

質問の意図は、自社のビジネスに役立つような情報に日頃からアンテナを張っているかのチェック。志望企業や志望業界に関するニュースを調べる、志望企業のプレスリリースを読む、インターネット検策などを行う。

Question 10. 何か質問はありますか？
Do you have any questions?

回答例 御社の社員紹介ページで、海外部門の佐藤様の仕事内容を読みました。その中で、エナジートランスフォーメーション関連の業務に強く引きつけられました。将来、私もこの業務に携わるには、学生時代の今からどんな努力をしておくとよいでしょうか？

I read about Mr. Sato's work in the Overseas Department on your company's employee introduction page. And I was strongly attracted to Energy Transformation related work. What kind of efforts should I make from now on to get into this business in the future?

【合格返答の指針】

定番の逆質問。**自身が深く企業研究した内容をもとに掘り下げ質問をすると、志望熱意の強さが伝わって高評価を得やすい。**

Question 11. 外国人に勧めたい日本文化は何ですか？　その理由は？
What aspects of Japanese culture would you recommend to foreigners?（Why?）

―――

■回答例■ 「和食の文化」です。理由は２つあります。１つは、和食がユネスコ無形文化遺産に登録されて、世界的に知名度が上がったため。もう１つは、政府観光局の調査によると、日本に旅行に来る70%の外国人が、和食を食べることを一番の目的としているためです。私は御社が実施する外国人向けツアーの１つとして、おいしい和食を自分で手軽に作れるようになるというツアーを提案します。

　It's "Japanese food culture." There are two reasons. One is that Japanese food has been registered as a UNESCO Intangible Cultural Heritage and has become well known worldwide. The other is that according to a survey by the Japan Tourism Agency, 70% of foreigners who travel to Japan have eating Japanese food as their primary purpose. I propose that your company conduct a tour for foreigners to learn how to make delicious Japanese food easily by themselves.

【合格返答の指針】
　航空・旅行・ホテル業界でよくある質問（日本語面接、英語面接の両方）。以下の例から、**選んだ理由を志望企業の仕事・商品・サービスと関連づけられるものを選ぶとよい。**
例：伝統芸能、食文化、着物、建築物・遺跡、美術、年中行事、全国の祭り・踊り、日常生活的文化（お風呂、折り紙、おもてなし、和を大切にする、時間を守るなど）、近代文化（アニメ、漫画、アイドルなど）。

08
グローバル企業の 二次面接シミュレーション

［ 音声はこちらから ］

質問文　　回答例

POINT

- ◎ 外資系・日系グローバル企業は、日本語と英語での頻出質問対策が必須
- ◎ 掘り下げ質問への事前準備が重要

☑ グローバル企業の二次面接の頻出質問

　外資系および日系グローバル企業のグローバル職、商社（総合商社・専門商社）の総合職・グローバル職の選考で英語面接がある場合は、これから紹介する質問が頻出です。一次面接シミュレーションの英語質問とあわせて対策を立てておきましょう。

☑ グローバル企業の二次面接シミュレーション

　グローバル企業の二次面接では、様々な掘り下げ質問が行われます。特に頻出するのが、「学業」「強み」「志望理由」「失敗経験」です。質問例と高評価を得るためのポイントを押さえておきましょう。

● 「学業」の掘り下げ質問

Question 1. 大学・大学院での学習・研究の中心は何ですか？
そこから何を学びましたか？
What is the main focus of your study or research in your university or graduate school?
What did you learn from it?

回答例 私は、経済学部で国際経済学について学習しました。深く学んだことは、多国籍企業の収益最大化の方策です。これに加えて、経済学ゼミにおいて、説得力の高いプレゼンテーションスキルも習得しました。

I studied international economics in the Faculty of Economics. What I learned deeply was how to maximize the profit of a multinational company. In addition to this, I also acquired persuasive presentation skills in the economics seminar.

Question 2. それは、当社の仕事にどう役立ちますか？
How does this help our work?

回答例 御社の海外支社に赴任した際に、現地で実行するビジネスの収益を伸ばす戦略を考える際に役立ちます。さらに、現地のクライアントにプレゼンテーションする際に役立ちます。理由は、会社説明会で海外支社赴任経験がある社員の田中様に仕事内容を詳しく伺った際、これらが役立つと思ったからです。

When I am assigned to your company's overseas branch office, these will be useful when considering strategies to increase the revenue of the local business. Plus, it will help when presenting to local clients. The reason I thought this way was that when I asked Mr. Tanaka, an employee who had experience working at an overseas branch office, about the details of his work at a company information session, I thought these things would be useful.

【合格返答の指針】

これらの質問は、Question 1.→Question 2.のように、**掘り下げ質問が連続して来ることを想定した答え方にすることが大切。**学習・研究において学んだこと、学習・研究の取り組み方で学んだことのどちらかで、**志望する仕事に役立つ内容を組み立てるとよい。**

Question 1.の返答では、①学習・研究において学んだこと（専門知識、語学など）、②学習・研究の取り組み方で学んだこと（タイムマネジメント、リーダーシップなど）を盛り込めると高評価が狙える。

Question 2.は、**深い企業研究をして得た知見を根拠として、企業での仕事にどのように役立つかを具体的に述べると好印象。**逆に具体的な根拠を述べず、単なる憶測で話したと思われると、評価は大幅に下がってしまう場合もある。

● 「強み」の掘り下げ質問

Question 3. あなたの一番の強みは何ですか?
What are your greatest strengths?
(What would make you stand out in our company?)

回答例 "相手の出身国の文化や習慣、宗教、言語を考慮する異文化コミュニケーション力"です。これは、大学の国際交流センターで、7カ国の留学生と一緒にイベント開催をした経験で鍛えました。

My greatest strength is my "cross-cultural communication skills, that considers the culture, customs, religion, and language of the other country of origin". I learned this through my experience of hosting an event with international students from 7 different countries at the international exchange center at my university.

Question 4. あなたの強みは会社にどのように役立ちますか?
How will your strengths benefit our company?

回答例 御社の外国人社員と協業する際に役立ちます。このように考えた理由ですが、御社の会社説明会で、私は御社の社員の鈴木様に海外支社の現地社員と一緒に働く際に必要なスキルを質問しました。鈴木様のお話から、私の強みが役立つと思いました。

It will be useful when collaborating with foreign employees of your company. The reason I thought this way is because at your company information session, I asked Mr. Suzuki, an employee of your company, about the skills needed to work with local employees in your overseas branches. From what Mr. Suzuki said, I thought my strengths would be useful.

【合格返答の指針】

　二次面接で頻出の質問。面接官の評価が高い「強み」とは、志望企業の仕事に役立つもの。**企業のWEBサイトや会社説明会での業務内容の説明を参考に考えるとよい。**事前に社員に質問する機会があれば、「自分の強みである〇〇は、仕事でどのように役立てることができるか」を聞いてみるのがお勧め。

● 「リーダーシップ」の掘り下げ質問

Question 5. リーダーシップを発揮した経験はありますか？
Do you have any leadership experience?

回答例 サークルやゼミ、アルバイトで仲間と取り組む際は、少なくとも３種類のリーダーシップを発揮するよう心がけています。１つ目は、タイムマネジメントのリーダーシップ。２つ目は、新メンバーの成長を支援するリーダーシップ。３つ目は、運営の仕方などを最新のアプリを活用して効率的なものに改革するリーダーシップです。

　When I collaborate with members in clubs, seminars, and part-time jobs, I try to demonstrate at least three types of leadership: first, time management leadership; second, leadership to help new members grow; and third, leadership to reform the way we operate and make it more efficient by using the latest applications.

Question 6. リーダーシップを発揮するうえで課題としたことは何ですか？
What challenges did you set in your leadership role?

回答例 課題としたことは３点です。１つ目は、目標達成までに与えられた時間を最大限に有効活用すること。２つ目は、チームのメンバー全員の力を最大限に高めて団結させること。３つ目は、組織の運営を最大限に効率的に行うことです。

　There were three challenges: first, to make the most effective use of the time given to achieve the goals; second, to maximize the strength and unity of all team members; third, to manage the organization as efficiently as possible.

【合格返答の指針】

　P.123「リーダーシップを発揮した経験を問う質問」をもとに返答を組み立てるとよい。

●志望理由の掘り下げ質問

Question 7. なぜこの仕事に就きたいのですか？
Why do you want this job?
(What attracted you to this job?)
(Why do you want to work here?)

回答例 理由は3点あります。1つ目は、御社の経営計画を読んで、P.17に書かれている今後5年間の注力事業の内容に非常に興味を持ったから。2つ目は、社員紹介ページを読んで各社員の仕事内容に大変感銘を受けたから。3つ目は、会社説明会で社員の鈴木様に仕事の取り組み方を伺い、皆様と一緒に働きたいと強く思ったからです。

There are three reasons. First, when I read your company's management plan, I was very interested in the contents of the business focus for the next five years written on page 17. The second is that I was very impressed with the work content of each employee after reading the employee introduction page. The third reason is that I had a strong desire to work with all of you after hearing about Mr. Suzuki's approach to work at a company information session.

Question 8. なぜこの部門を選びたいのですか?
Why do you want to choose this division?
(Why would you like to work in this field?)
(What interests you about this role?)

回答例 理由は2点あります。1つ目は、社員紹介ページと会社説明会で、各部門の仕事内容を比較研究して、最も興味を持ったから。2つ目は、私が大学で得た"最新のマーケティングの知識"と"異文化コミュニケーション力"を、この部門の仕事で活かせると思ったからです。

There are two reasons. The first, this is what I was most interested in after doing comparative research on the work content of each department on the employee introduction page and the company information session. The second reason is that I thought that I could use the "newest marketing knowledge" and "cross-cultural communication skills" that I have acquired at university in my work in this department.

Question 9. 当社にどのように貢献できますか?
How can you contribute to our company?
(What can you bring to our company?)

回答例 自分と同じバックグラウンドを持つ社員のキャリアパスから判断して、入社1年目は、海外事業部で先輩社員のアシスタント業務をします。2年目からは、国内のプロジェクトマネジメントの業務をします。5年目からは、海外支社で現地のプロジェクトをマネジメントします。

Judging from the career paths of employees with the same background as me, in the first year after joining the company, I would work as an assistant to senior employees in the overseas business department. From the second year, I would work on domestic project management. From the fifth year onwards, I would manage local projects at overseas branches.

147

いずれも、**実際に先輩社員から聞いた内容や、企業のWEBサイトの資料などの深い企業研究を根拠にして組み立てるとよい。**説得力が高くなり好印象。

●失敗の掘り下げ質問

Question 10. **最大の失敗・苦労は何ですか？　どう対応しましたか？**
What has been your biggest failure / struggle in life so far?
(Explain your most significant failure or struggle in life.)
How did you react? (How did you cope/deal with it?)

回答例 最大の失敗は、大学２年生のときに挑戦した大学開催のビジネス課題解決ワークショップで、６位になってしまったことです。私は１位を目指していたので、とても悔しかったです。そこで、審査員の方に、私が改善しなくてはならない点をすべて確認しました。そして、３年生のときに再挑戦しました。結果は２位でした。審査員に改善が不十分だった点を確認したので、これを徹底的に鍛えて、４年次にもまた挑戦しようと思っています。

My biggest failure was finishing in sixth place in a business problem-solving workshop held by my university when I was in my second year. I was aiming for first place, so it was very frustrating. I went to the judges and checked all of the things I needed to improve in. Then, when I was in my third year, I tried again. This time the result was second place. I confirmed with the judges in what I had not improved enough. I'm going to train for this thoroughly and try again in my fourth year.

Question 11. **今ならもっとうまくやれると思いますか？**
Do you think you can do better now?

回答例 はい、私はもっとうまくやれると思います。改善点を教授か

ら具体的に指摘してもらい、それらを改善する努力を1年以上実行してきたからです。御社の採用試験にもビジネス課題解決グループワークがあると伺っております。私のこれまでの努力をそこでぜひ活かしたいです。

Yes, I think I can do better now. The reason I think so is because the professor mentioned specific points for improvement, and I have been making efforts to improve them for more than a year. I have heard that your company's recruitment exam includes business problem-solving group work. I would like to make the most of my efforts there.

【合格返答の指針】

失敗経験に関する質問は、業界を問わず頻出。合格レベルの返答を一度作っておけば、いろいろな企業の面接で活用できる。

返答するときは、**失敗の原因を緻密に分析したこと、失敗・挫折しても諦めなかったことや、その失敗・挫折を覆す成果を出した、もしくは前回よりも進歩したことなどを盛り込んで返答すると高評価が期待できる。**

Q。 **内定者に聞いたところ、私の志望企業の面接では、面接の冒頭で、日本語面接か英語面接かを選べる形式だそうです。この場合、英語面接を選んだほうがよいでしょうか？　私は英語が得意でないので不安です。**

 グローバル企業の場合は、英語面接を選んだほうが志望熱意の強さが面接官に伝わります。英語が得意でなければ、「日本語面接を選択したいと思いますが、自己PRと志望理由だけは英語で述べさせてください」と伝える方法をお勧めします。こうすると、英語面接を自己PRと志望理由に絞って、しっかり練習できます。なお、グローバル企業でも、国内業務限定の職種の面接の場合は、日本語面接を選んでも不利にはなりません。

グローバル企業の
三次〜最終面接シミュレーション

[音声はこちらから]

質問文　　　回答例

POINT	◉ 外資系企業や英語が公用語の日系企業では、三次面接以降で難しい質問が登場することが多い
	◉ 返答に期待されているポイントを押さえる

☑ グローバル企業の三次〜最終面接の頻出質問

　外資系企業や英語が公用語の企業では、三次〜最終面接で、その場で返答を考えるのが難しいような質問をされることが多いです。英語面接で頻出の難しい質問をまとめましたので、文章と音声を参考に、あらかじめ返答を考えておきましょう。

☑ グローバル企業の三次〜最終面接シミュレーション

● 入社後のキャリアに関する質問

Question 1. 内定したら、どんなことを実現したいですか?
What would you like to achieve if you are offered the job?

回答例 入社後4年間は、御社が力を入れるエナジートランスフォーメーション事業において、国内のクライアント各社とのプロジェクトを成功させ、国内トップシェア獲得に貢献したいです。5年目からは、アセアン諸国やアフリカ諸国の海外支社で現地企業や行政機関とプロジェクトを成功させ、海外トップシェア獲得に貢献したいです。御社の経営計画および会社説明会で、社員の山本様にお話しいただいた内容をもとにお答えしました。

During my first four years at the company, I would like to contribute towards the success of projects with domestic client companies in the energy transformation business that your company focuses on, and to gain the top share in the domestic market. From my fifth year onwards, I would like to contribute towards gaining the top market share overseas by successfully carrying out projects with local companies and government agencies at your overseas branches in ASEAN and African countries. These goals are based on your company's management plan and what your employee, Mr. Yamamoto, told me at the company information session.

【合格返答の指針】

　これらの質問意図は、入社後どんな貢献をしたいか、具体的な目標（実現したいこと）を長期的なスパンで描いているかのチェック。どちらも**短期的な目標だけではなく、長期的な目標まで話すとライバル学生との差別化ができて高評価が得られる。**次の答え方がお勧め。

入社後のキャリアに関するお勧めの答え方

①年代ごとのキャリアプランの形式で話す

→「20代は〇〇〇、30代は〇〇〇、40代は〇〇〇です」

②入社〇〇年後のキャリアプランの形式で話す

→「入社5年後は〇〇〇、入社10年後は〇〇〇、入社20年後は〇〇〇です」

③志望企業の経営計画にもとづいて話す

→「御社の経営計画に沿って描いたキャリアプランですが、5年後は〇〇〇、10年後は〇〇〇、20年後は〇〇〇です」

　いずれも**仕事内容に関する企業研究を根拠にして内容を組み立てると説得力が大きく高まる。**社員に質問できる機会があれば、自分が描いたキャリアプランが実現可能か、どんな努力を必要とするか確認するとよい。

● ビジネスモデル提案に関する質問

Question 2. **当社で成し遂げたい新しいビジネスについて提案してください。**
Please propose a new business that you would like to accomplish at our company.

回答例 御社が開発に力を入れている“グリーン水素”を活用した新ビジネス、グリーントランスフォーメーション事業をご提案します。ターゲットは、自動車業界、電力業界、建築業界の各企業と各国の政府関係機関で、利益目標は1兆円です。御社のグリーン水素に関するプレスリリースの情報と国内外のシンクタンクの調査データをもとに、自分なりの創意工夫を加えてビジネスモデルを組み立てました。詳細はレポートにしてあります。

I would like to propose a new business, called the Green Transformation model. It utilizes (uses) the "green hydrogen" that your company is currently focused on developing. The target would be companies in the automobile, electric power, and construction industries, as well as government agencies in each country. The profit target is 1 trillion yen. Based on information from your company's press release on "green hydrogen", and survey data from think tanks in Japan and overseas, I have added my own knowledge and experience to create this version of the business model. Details can be found in my report.

【合格返答の指針】
　コンセプト、ターゲットなどの具体性が大切。「ビジネスモデル考案力」（P.93参照）や、「ケース面接の攻略法」（P.119参照）を参考にする。

● 組織での働き方に関する質問

Question 3. **チーム内の信頼関係を築くには？**
How do you build trust in your team?
（What qualities do you think are needed to build trust in team relationships?）

回答例 私がいつも心がけていることは４つあります。１つ目は、笑顔のあいさつを欠かさないこと。２つ目は、約束した仕事を期限までに責任を持って実行すること。３つ目は、メンバーが困っているときに素早くサポートすること。４つ目は、たまには仕事以外の話もして打ち解けておくことです。

There are four things that I always keep in mind. First, don't forget to say hello with a smile. It lets other members feel welcome. The second is to carry out tasks responsibly and timely. The third thing I do is to support members as quickly as I can when they are in trouble. Lastly, once in a while I encourage talking about things other than work and getting to know each other.

【合格返答の指針】

企業での仕事で高い成果を挙げるには、メンバーと信頼関係を築くことが重要。約束を守る、自分のミスは素直に認めて謝り改善の努力をする、メンバーのよいところを褒めるなど、具体例を交えた複数の要素で返答すると高評価が期待できる。

Question 4. 誰かをサポートした経験で一番印象に残っていることを教えてください。
Tell me your most impressive experience of supporting someone.

回答例 大学1年次の経営学の授業の研究発表におけるサポートです。同じグループになった2名の留学生のサポートをしました。アメリカ人留学生1人と中国人留学生1人でしたが、来日したばかりだったので、日本語能力が不十分で、日本人の友人もいない状態でした。そこで、私は、3つのサポートをしました。1つ目は、研究発表における教授の指示を英訳して伝えること。2つ目は、グループの話し合いの際、日本語での言い方を彼らに教えること。3つ目は、日本人のグループメンバーと仲良くなれるように、学食やカフェに何度も誘って友人作りのお手伝いをして、グループの結束も高めたことです。この結果、グループの研究発表は、教授から

５グループ中1位という高い評価をいただきました。

I provided support for a research presentation for a business administration class in my first year of college. I supported two international students who were in the same group; one was an American student and the other was a Chinese student. They had just arrived in Japan, so their Japanese language skills were insufficient and they had no Japanese friends. I supported them in three ways: first, I translated the professor's instructions for their research presentations into English. Second, I taught them how to say things in Japanese during group discussions. And third, I helped them make friends by often inviting them to the cafeteria so that they could get to know their Japanese group members. This also helped to strengthen the unity of the group. As a result, the group's research presentation received a high evaluation from the professor, placing first among the five groups.

【合格返答の指針】

　スキル面やメンタル面でのサポートや、トラブル解決、マネジメントといった内容が高評価を得やすい。**サポートの成果も具体的に話すことが説得力を高めるポイントになる。**

Question 5. **スキルが低い（モチベーションが低い）同僚と どのように一緒に働きますか？**
How would you work with an unskilled/ unmotivated colleague?

回答例　私のアルバイト先には、毎月、新しいメンバーが加わります。なので、スキルの低い同僚と一緒に働くことは、よくあります。私がやっていることは4つです。1つ目は、初心者にわかりやすい仕事マニュアルを作ること。2つ目は、丁寧に仕事のやり方を説明して、自ら実際にやって見せること。3つ目は、その仕事をやらせてみて、できているところを褒めて、モチベーションを高めること。4つ目は、完璧にできるようにな

るまで、定期的にチェックしてアドバイスすることです。

New members join my part-time job every month. Therefore, it is common to work with less-skilled colleagues. I do four things to encourage them. The first is to create a work manual that is easy for beginners to understand. The second is to carefully explain how to do the work and show them how to actually do it. The third is to let them do the work and praise their achievements to increase their motivation. Fourth, I check and advise them regularly until they can do it perfectly.

【合格返答の指針】

　一時的な指導ではなく、高いレベルに達する・高い成果を挙げられる・独り立ちできるまでのトータルなサポートについて回答すると好印象を与えられる。サポート内容には、**目標達成の計画立案やスケジュール管理、タイムマネジメントのやり方、PDCAサイクルの回し方などの指導が入っていると高評価を得やすくなる。**

●困難な仕事への取り組み方に関する質問

Question 6. **仕事でストレスを感じた状況とその対処法について説明してください。**
Describe hou you deal with stress at work.

回答例　私の対処法は主に3つです。1つ目は、心身のリフレッシュです。YouTubeのダンスのコンテンツで30分間踊ります。2つ目は、状況をポジティブに捉え直すことです。このストレスを感じている取り組みから得られる利点をノートに書き出します。3つ目は、仲間の助けを得ることです。私は日頃から仲間との関係を大切にしています。ピンチの際は、状況を突破する方法を彼らの視点で考えてもらうことができます。

I have three main solutions. The first is to refresh my mind and body. To do this, I play YouTube dance videos and I dance for 30 minutes to clear my mind. The second is to look at the situation positively. I write down the benefits I get from this effort in my notebook. The third is to get help from my colleagues. I always value my relationships with my colleagues. When I get stuck, I can ask them to think about how to break through the situation from their perspective.

【合格返答の指針】

　ストレスの対処法は、「**健康的な趣味（運動、音楽、旅行、掃除、芸術など）」と、「レジリエンス（resilience：ストレスを受けた時の回復する力、精神的回復力）」の２種類の内容で返答を組み立てる**と高評価を得やすい。**近年はレジリエンスを重視する企業が増えている**ため、たとえば「ネガティブな状況でもポジティブに考えを転換できる」「多様な考え方ができ、１つの考えがダメでも別の考えを持つことができる」といった内容が好印象。自分の言葉で述べられるようにしておくと、ライバル受験者の内容と差別化でき、採用担当者に好印象を与えることができる。

Question 7.　期限が厳しい仕事（タスク）の経験があれば、教えてください。
Let me know if you have work experience with strict deadlines.

━━━━━━━━━━━━━━━━━━━━━━━━━━━━━━━━━━━━━

■ 回答例 ▶ ゼミでの発表で、３人のメンバーで協力し、たった４日間で調査、分析してPowerPoint資料を作って発表するというタスクです。我々は、５つの努力をして期限までに最高のS評価が得られるクオリティのものを作り上げました。1つ目は、緻密な工程表を作ってスケジュール管理をすること。2つ目は、チームメンバーの得意なことに合わせて役割分担を明確化して作業効率を高めること。3つ目は、毎日PDCAサイクルを実施して作業のクオリティを高めること。4つ目は、トラブルやイレギュラーはビジネスチャットにすぐに報告して全員で素早く対処すること。5つ目は、成功イメージを共有して、各自のモチベーションとチームの団結を高めるスピーチを行ったことです。

　I do. It was a presentation at a seminar, and the task was to research, analyze, create and present PowerPoint materials in just four days with the cooperation of three members. We made five efforts to create a quality product that could get an S rating by the deadline. The first was to create a detailed process chart and manage the schedule. The second was to improve work efficiency by clarifying the division of roles according to the strengths of team members. The third was to improve the quality of work by implementing the PDCA cycle every day. Fourth, troubles and irregularities were immediately reported to the business chat and dealt with promptly by all members. Lastly, I gave a speech to share the image of our success and increased the motivation of each person and the unity of the team.

【合格返答の指針】

　期限が厳しい仕事における進捗管理の具体例を述べると高評価が得られる。仕事での経験がなくても、アプリを駆使したスケジュール管理、PDCAサイクルの活用、チームメンバーとの役割分担など、大学のゼミやクラブ活動などにおける進捗管理について述べればOK。

Question 8. プレッシャーのある中でどのように仕事をしますか？
How well do you work under pressure?

回答例　中学高校時代に所属したサッカーチームでは、ディフェンスのポジションでした。私は常に、絶対にミスは許されないというプレッシャーや、ライバルチームの新戦術や仲間のミスなどによってイレギュラーな攻撃がきても素早く対処するプレッシャーと対峙していました。これらのプレッシャーを克服して高い成果を挙げた努力は2つあります。1つは、ライバルチームの研究を徹底的に行うこと。もう1つは、あらゆるピンチを想定した練習を徹底的に行うことです。私は御社の仕事でもこの2つを心がけて働きます。

On my junior high and high school soccer team, I was in the defensive position. I was constantly confronted with the pressure to never make a mistake and the pressure to react quickly to sudden attacks by rival teams or the mistakes of fellow players. There were two efforts that helped me overcome these pressures and achieve high results: the first was to study the rival team thoroughly. The second is to practice thoroughly for every possible offence. I will keep these two things in mind as I work for your company.

【合格返答の指針】

ストレス耐性は近年特に重視されている選考ポイントで、頻出の質問。面接官は「プレッシャーと上手に付き合うことができなければ長く勤務できないのでは？」と考えるため、**成果物の質・量、苦手分野や未経験の仕事など、想定されるプレッシャーを考えて返答を準備しておくとよい。**

志望企業で想定されるプレッシャーは、対処法を含めて企業のWEBサイトの社員紹介ページにエピソードとともに書かれていることが多い。機会があったら、どんなプレッシャーがあり、どう対処しているかを社員に確認しておくと、質問対策に加えてその仕事とのマッチングの確認にもなる。

●仕事観に関する質問

Question 9. **あなたの理想の仕事は何ですか？**
What is your dream job?
(Why does this career appeal to you?)

回答例 私にとって理想の仕事は、３つの条件が当てはまるものです。１つ目は、グローバルに社会貢献する経営理念にもとづく仕事であること。２つ目は、社会の持続的な発展をITによって構築する仕事であること。３つ目は、大学時代に鍛えた異文化コミュニケーション力が役立つ仕事であることです。この３つの条件を満たすのが、まさに御社の仕事です。

My ideal job has three conditions: Firstly, it is a job based on a management philosophy that contributes to society on a global scale. Secondly, it is a job that uses IT to build sustainable social development. Thirdly, it is a job in which the cross-cultural communication skills I developed during my university days will be useful. Your company's job fulfills all three of these conditions.

【合格返答の指針】

　質問の意図は、自社の仕事と応募者が理想とする仕事観がマッチングしているかの確認。**複数の観点でマッチングの高さが感じられる返答を組み立てる**と高評価。以下の例から志望企業と関連させることができるものを３〜６つ程度選んで返答を組み立てるとよい。

理想の仕事の観点の例

理念（企業の経営理念と重なる自身の仕事への考え方）、仕事内容、扱う商品・サービス、働く場所（国・地域）、仕事で使う言語、一緒に働く仲間、仕事を通じて社会貢献できること、仕事で得られるスキル・経験、クライアント、自身が勤める会社のトップ（経営者、社長）、収入・福利厚生、働き方（フレックス、週休3日・4日、副業可など）、将来的に構築したいキャリア、仕事で実現したいビジネスモデル、他

Question 10. ▶ **あなたにとって、成功とはどんな定義ですか？**
How do you define success?

回答例 ▶ 私にとっての成功は、仕事、友人、健康の３つの要素からなります。たとえば、自分の価値観と同じ経営理念を持つ企業で仕事をすること。リフレッシュできるプライベートの時間を過ごせる友人を持つこと。最後に、仕事に全力投球できる健康な体を日々のエクササイズや食事で維持することです。１つ目の仕事面に関しては、まさに御社が私の理想です。

　For me, success consists of three elements: work, friends, and health. For instance, to work for a company that has the same business philosophy as my values. Also, to have friends with whom I can spend refreshing personal time. Finally, to maintain a healthy body through daily exercise and diet so that I can give my all in my work. As for the first, your company is exactly what I am looking for.

【合格返答の指針】

　質問意図は、企業の価値観（経営理念・社長の考え方）と方向性が一致しているかのチェック。成功の定義は、様々な価値観がある。高評価を得やすい答え方は、**成功の定義を３つ前後の要素に分けて答え、どれかに志**

望企業の経営理念、もしくは、代表者（現在の社長や創業社長）の言葉の**いずれかを入れること。**次の要素から答えやすいものを3つほど選び、返答を組み立てるとよい。

<table>
<tr><td>「成功」の定義をするための要素の例</td></tr>
</table>

仕事、プライベート、精神、収入、資産、健康、自己実現、自己成長、自己肯定、家族、友人、愛情、友情、人間関係、家族、人間性、教養、学力、社会貢献、他

返答例：「**ライフワーク**としての成功は〇〇〇。**仕事**としての成功は〇〇〇（経営理念と同様の内容を述べる）。**プライベート**の成功は〇〇〇です」「**仕事**面の成功は〇〇〇（志望企業の社長の考え方と同様の内容を述べる）。**家族・友人**面の成功は〇〇〇。**健康**面の成功は〇〇〇です」

Question 11. 仕事のモチベーションを上げるものは何ですか？
What motivates you at work?

回答例 私にとって、仕事のモチベーションを上げるものは3つあります。1つ目は、自分の努力が、顧客や仕事仲間からの感謝につながること。2つ目は、自分の努力が、世の中を便利にすることにつながること。3つ目は、自分の努力が、私のビジネスパーソンとしての価値や収入の向上につながることです。会社説明会で御社の社員の宮田様とお話をして、御社の仕事には、これらの3つがあると思いました。

For me, there are three things that motivate me at work. Firstly, my efforts lead to appreciation from customers and colleagues. Secondly, my efforts lead to making the world more convenient. Finally, my efforts lead to increasing my value and income as a businessperson. I talked with your company's employee, Mr. Miyata, at a company information session, and I think that your company's work includes these three things.

【合格返答の指針】
質問意図は、人からいわれなくても仕事に尽力するタイプか、それが（一

時的なものではなく）長期間継続するものかのチェック。モチベーション
は、内的モチベーション（心から湧きあがるもの）と外的モチベーション
（外部の条件によるもの）に大別できる。次の**内的モチベーションの要素
から複数選んで、自分なりの言葉にして述べる**と高評価を得やすい。

モチベーションが上がる要素の例

内的モチベーション	理想、願望、興味、好奇心、向上心、意欲、欲求、目的
外的モチベーション	報酬、評価、命令、規則、賞罰、昇格

返答例：「私にとってモチベーションを上げるものは２つあります。１つは、
理想的な自分になりたいという強い**願望**です。私の一番のロールモデルは
御社の○○様です。もう１つは、□□業務の分野で世界的な**評価**を得たい
という強い思いです。ぜひ御社の□□業務の仕事に取り組みたいです」

●クリエイティブな発想力・表現力を確認する質問

Question 12. **もしあなたがアイスクリーム・動物・花になれるとしたら、
何になりたいですか？　それはなぜですか？**
**If you were a flavor of ice cream/animal/flower,
what would you be? and why?**

回答例 チョコレートソースがかかり、バナナが載ったバニラアイス
です。理由は、それらは私の３つの強みを象徴するものだからです。１つ
目のチョコレートソースは、私が大学で学んだ専門知識【アフリカ経済の
知識】を表します。チョコレートの材料であるカカオの産地は７割強がア
フリカですが、私はゼミでアフリカ経済について学びました。２つ目のバ
ナナは、私が課外活動で力を入れたこと【弓道の特訓】を表します。バナ
ナの形は弓に似ていますが、私は高校時代、弓道部でした。３つ目のバニ
ラは、私の性格的な強みである【異文化コミュニケーション力】を表しま
す。バニラは世界の誰からも分け隔てなく好まれる味です。私はいつも、
世界各国の学生と友情を育むコミュニケーションを心がけていて、日本人
の友人だけではなく、留学生の友人も10人ほどいます。これら３点を活

かして、御社の仕事で貢献します。

I would be vanilla ice cream with chocolate sauce and a banana on top. The reason is because they represent my three strengths: the first, chocolate sauce, represents the expertise I gained in college [knowledge of African economics]. More than 70% of cacao, the raw material for chocolate, is produced in Africa, and I acquired a specialization in the African economy at a seminar. The second one, the banana, represents my extra-curricular activities [Kyudo training (Japanese archery)]. The shape of the banana resembles a bow. I was in the Kyudo club in high school. The third one, vanilla, represents my strength of character. [cross-cultural communication skills]. Vanilla is a taste that is universally liked by everyone in the world. I always try to communicate with students from all over the world to foster friendships, and I have not only Japanese friends but also about 10 friends who are international students. I will make use of these three qualities to contribute to your company's success.

【合格返答の指針】

　外資系や日系のコンサル企業、マスコミ系の企業で頻出する、クリエイティブな発想・表現を問う質問。特に自分を「アイスクリーム、動物、花、自社製品、色、家電製品、有名人」にたとえる質問が頻出。次の2つのポイントを押さえて、ライバルと差別化できる回答を作っておくとよい。

クリエイティブな発想・表現を問う質問に回答するポイント

①複数の強みを別々のものでたとえる

　複数の要素にたとえて、別々の強みを入れるとライバルと被りにくい。クリエイティブさをアピールしやすくなり、担当者に好印象を与える。

② 仕事に活かせる強みを「理由」として説明する

　なぜそれを選んだのか、理由として自分の強みを関連づけると高評価が期待できる。自己PRの機会と捉え、自身の長所をアピールするとよい。

10
グローバル企業の中途採用の流れ

POINT

- ◉ グローバル企業は社員の多くが転職者
- ◉ 転職の時期ごとに求められるスキルや経験を書類や面接に反映する

☑ グローバル企業は社員の多くが転職者

外資系企業では社員の過半数が中途採用であることは当たり前ですが、**近年では日系グローバル企業も中途採用社員の比率が増えています。**グローバル企業の進出国は、10 〜 20カ国あるのはめずらしくなく、大手の場合は、数十カ国を超える企業も多いです。グローバル職の人材は常に不足している状況で、グローバル企業のほとんどは、新卒採用だけではなく、中途採用にも力を入れています。

グローバル企業は、実力主義。**中途採用者だからといって、不利にはなりません。**前職で得たスキル・経験・人脈などを活かして、好条件（ポジション・報酬など）で働いている中途採用者がたくさんいます。グローバル企業は、国内企業と比べて中途採用者を重用していますので、転職先としてもとてもお勧めです。転職を考えている人は、自分の希望に合ったグローバル企業を探してみましょう。

☑ 狙い目の転職の時期とは？

中途採用の転職時期は、①**新卒入社3年未満**、②**新卒入社5年後くらい**、③**30歳前後**、④**40歳前後**、⑤**50歳前後**の5種類に大別できます。面接の難易度は、①＜②＜③＜④＜⑤と年齢に比例して上がります。なぜなら、

年齢が高くなるほど、求められるスキル・経験のレベルが上がるからです。①の面接は「基本的なスキルや経験」しか問われず、②の面接も「担当業務をきちんと遂行できる程度のスキルや経験」しか問われません。しかし、③は難易度が大幅に上がり、「プロジェクトリーダーを務められるほどのスキル・経験、およびリーダーシップ力」が求められます。④や⑤となると、「部や課など組織を引っ張れるほどのスキル・経験」以外にも、「高いリーダーシップ力、マネジメント力、経営センス」が求められます。

☑ 新卒入社3年以内、
   または新卒入社5年前後の転職が狙い目

　近年は、大手企業でも若手社員の充足度が低く、①と②のニーズが高まっています。面接のハードルは③④⑤よりもずっと低いので、この時期の転職が狙い目です。しっかり準備して臨めば、期待以上のステップアップも可能です。業界・職種の変更も①②は比較的容易で、メーカーや運輸から総合商社に転職したり、日系金融や日系ITから外資コンサルに転職したりと、事例は枚挙にいとまがありません。現在所属する業界とは異なる企業、学生時代に入社したかった企業、近年話題の人気企業などにも挑戦してみてはいかがでしょうか。

☑ グローバル企業・外資系企業の
   中途採用の選考フロー

　一般的な中途採用の選考フローは次のとおりです。

一般的なグローバル企業・外資系企業の中途採用選考フロー

一次選考	二次選考	三次選考
書類選考 (履歴書、職務経歴書)	一次面接 (人事部社員が面接官)	二次面接 (配属部署もしくは人事部の責任者が面接官)

　書類選考の提出書類は、企業によって異なる場合があるのでWEBサイトの募集要項を必ず確認しましょう。日系グローバル企業は「履歴書と職務経歴書」の提出を求められるのが一般的です。外資系企業も「履歴書と職務経歴書」を求めるのが一般的ですが、これを「レジュメ」と呼ぶ企業もあります。

　書くべき内容、書式や仕様（市販の用紙、所定の用紙をダウンロード、オンラインのフォームに作成など）、使用言語（日本語、英語）などは、WEBサイトの募集要項に書かれている指示に従いましょう。

　転職試験の面接回数は、通常2回実施する企業が多いですが、専門知識や専門技能を重視する職種は、3回の場合もあります。面接は、大手企業ほどオンライン実施が一般化しています。一次面接はオンラインで、最終面接は対面。あるいは、一次面接から最終面接まですべてオンラインという企業もあります。

Q。**入社2年目の社員です。グローバル企業に転職したいと思っていますが、この1年間は社会人としてのマナーや基本的な仕事を覚えただけで、何かのプロジェクトで成果を挙げた経験はなく、海外事業で中心的な働きをしているわけでもありません。アピールできるような実績は何もないのですが、転職できるでしょうか？**

A。入社3年未満の転職者は、目立った実績がないのが当たり前です。面接の主たる評価対象は、実績面ではなく、社会人としてのマナーや仕事の基本的なやり方、企業研究の深さ、当社でのキャリアビジョンの具体性です。これらの3点がアピールできれば、大手グローバル企業でも採用される可能性があります。ただし、英語力については注意が必要です。一部の企業は、グローバル職の中途採用での英語力の足切りラインを上げており、TOEICの最低点数の引き上げや英語面接を実施しています。志望企業の募集要項を読んで、早めに準備しておきましょう。

グローバル企業の中途採用試験突破法

POINT	◉ 中途採用は事前の企業研究がカギ
	◉ 選考の各過程で重視される 6 つのポイントを押さえる

☑ グローバル企業の中途採用は 6つのポイントをチェック

グローバル企業の中途採用では、以下の6つの項目が重視されます。

グローバル企業の中途採用で重視されるポイント	
ポイント	**解説**
❶ 前職で得たこと	すべての業種の一次面接で聞かれる
❷ 退職理由（退職検討理由）	すべての業種の一次面接で聞かれる
❸ 当社で何をしたいか	すべての業種で聞かれ、合否に最も影響する。企業研究にもとづいた内容が必要
❹ リーダーシップ力	すべての業種で聞かれ、グローバル企業では重要度が高い。入社3年未満の転職なら学生時代の経験も可。入社3年超の場合は仕事における内容を回答する
❺ 英語力	ビジネス英語が使えると高評価。配属部門により要求レベルが異なる
❻ 異文化コミュニケーション力	外国人の同僚やクライアントとの業務が円滑にできるレベルが高評価

※具体的な質問例と返答の秘訣は、「グローバル企業の中途採用の面接試験シミュレーション」（P.169）を参照。

☑ グローバル企業の中途採用試験は 事前の企業研究がカギ

　グローバル企業の中途採用試験を突破するには、事前に深い企業研究を行うことがカギとなります。志望理由や自己PRでの熱意やモチベーションの高さのアピール、説得力の高さに直結するからです。

　企業研究は、次の❶〜❽をもとに行いましょう。これらを志望理由や自己PRを組み立てる際の根拠に使うと高評価を得られます。

志望理由・自己PRをレベルアップする「事前の企業研究」

❶ 志望企業のWEBサイトで主力サービス、新サービスの名称と内容、事業内容、企業文化を調べる

❷ 志望企業のWEBサイトの社員紹介ページで、配属希望の部署の仕事内容を調べる

❸ 志望企業のWEBサイトの社史のページで、社名や業務内容の変遷を調べる

❹ 志望企業のIR情報（経営計画、アニュアルレポート、プレスリリースなど）で経営内容や経営計画を調べる

❺ 志望企業の新聞記事やビジネス誌の記事で業界動向や経営状態を調べる

❻ 出張や赴任先として興味がある国に海外支社がある場合は、その場所や支社の事業内容、WEBサイトの内容を調べる

❼ 志望企業のWEBサイトの募集要項で応募条件・就業規則・採用情報を調べる

❽ 志望企業で働いている知人と会い、仕事の実態を調べる

☑️ 元社員の口コミサイトで 企業の中身を短時間で比較研究する

　近年では、元社員からの口コミを掲載するWEBサイトが充実しています。情報量も多く、分析項目も緻密になり、**志望企業の比較研究ツールとして活用する転職者が増えています。**こうしたWEBサイトは、体系化された膨大な人数の元社員の生のデータを客観的に分析し、応募したいという転職者のニーズに応えています。

　大手企業の元社員口コミサイトには、各社につき100～1000人、中には、2000人を超す元社員が書き込みをしています。数人程度だと情報に大きな偏りが生じるリスクが高いですが、500人、1000人という人数の書き込みを読んでいくと、**同じ業務内容や就業規則でも本人の価値観によって様々な捉え方がある**ことがよくわかります。

　志望企業の実態を知りたい人は、「組織体制・企業文化」「働きがい・成長」「ワークライフバランス」「入社理由と入社後ギャップ」「女性の働きやすさ」「退職検討理由」などの分析項目があるので、気になる項目について、**多くの意見を読み、かつ、同業他社の同じ項目も読んで比較研究してみるとよいでしょう。**その会社の具体的な特徴が見えてきます。

Ⓠ｡ **転職活動をしようと考えている、入社3年目の社員です。この2年間は、研修やOJTが中心で、いくつかの資格試験は取りましたが、研修で覚えたことや資格をもとに一本立ちして働くのはこれからという段階です。職務経歴書ではどのようにアピールすればよいでしょうか。**

Ａ｡ 入社3年未満の場合、職務経歴書には、次のような内容を書くことが求められています。①受講した研修内容と学んだこと。②OJTの内容と学んだこと。③取得した資格試験とそれが活かせるフィールド。④先輩社員から教わった業務内容。⑤身につけたビジネスマナー。⑥自己研鑽していること（ビジネス誌を購読している。英字新聞を読んでいる。ビジネス英語の特訓をしているなど）。これらをわかりやすく具体的に書きましょう。

12

グローバル企業の
中途採用の面接試験
シミュレーション

質問文

回答例

POINT

- ◎「日本語→英語」の順番で回答を作っておく
- ◎自分の経験にもとづいて、入社後の業務に結びつけて回答する

☑ グローバル企業の中途採用面接シミュレーション

　グローバル企業の中途採用面接における頻出質問を紹介します。**業界・職種を問わず対策が必要**ですので、企業研究をもとに、まずは日本語で返答を考えておきましょう。英語面接がある人は、英語でも返答を組み立て、QRコードで英語音声を聞きながら練習しておきましょう。

Question 1. ▶ **これまでの就業経験を教えてください。**
What is your previous employment experience?
(Tell us about your background/ experience/ history so far.)

回答例 ▶ 私の就業体験の中で、応募したポジションに役立つものを述べます。私は、グローバルマーケティングマネージャーとして、3年間の就業体験があります。10カ国を超える、異なる国でのマーケティング戦略の立案や実行、ブランドの統一性の確保などを担当して、海外市場での競争力を高めるための取り組みを行いました。チームには、アメリカ人、中国人、インド人の社員もいて、外国人とチームワークを高めて働くスキ

ルも身につけました。

Based on my work experience, I would like to tell you what is useful for the position I applied for at your company. I have 3 years of work experience as a Global Marketing Manager. I was in charge of planning and executing marketing strategies in more than 10 different countries, ensuring brand consistency, and working to increase competitiveness in overseas markets. There are American, Chinese, and Indian employees on the team, and I have also acquired the skills to work with foreigners and improve teamwork.

【合格返答の指針】

この質問で重要なポイントは、就業経験の幅広さを求めているのではないということ。質問意図は、「自社の仕事に役立つ経験を積んでいるか」のチェック。**受験する企業の仕事に役立つ経験だけを選んで簡潔に述べるとよい。**事前に志望企業で自分のどんな経験が役立つか分析しておく。

Question 2. 前職で得たことは何ですか？
当社の仕事でどう役立ちますか？
What did you gain from your previous job?
How will it help you in our business?
(What did you learn in your previous job?
How will you apply it in our business?)

回答例 前職で得たことは、グローバルマーケティングマネージャーとしてのスキルと、外国人とチームワークを高めて働くスキルです。これらは、御社の海外本部マーケティング事業部の仕事で売上を向上させることに役立てられます。理由は2点あります。1つ目は、御社の社員紹介ページに掲載されている海外本部マーケティング事業部で働く鈴木様の仕事内容を読んで、私のスキルが活かせると思ったため。2つ目は、御社の2023年6月22日のプレスリリースにインドに新拠点を作って力を入れることが書かれていましたが、インドは私が前職でとりわけ注力して取り組んだ市場であるためです。

In my previous job, I gained skills as a global marketing manager, and abilities to work with foreigners and improve teamwork. These are useful for improving sales in your company's overseas headquarters' marketing department. There are two reasons why they are useful. First, I read the job description of Mr. Suzuki, who works in the marketing division of the overseas headquarters, on your company's employee introduction page, and thought that I could make use of my skills. Second, India is a market that I focused on in my previous job, and your press release on June 22nd, 2023 mentioned that you are going to focus on India by establishing a new base there.

【合格返答の指針】

転職の面接で合否を左右する質問の１つ。事前の仕事研究が十分にできない場合は、前職で得たことを述べて面接官に判断してもらう。職歴が浅い場合は、研修やOJTで学んだこと、取得した資格などを述べるとよい。

Question 3. 前職での成功体験を教えてください。
Tell us about your success in your last job.
(Give me an example of an achievement/ accomplishment at your previous job.)

回答例 私の成功体験の１つは、アセアン諸国圏のプロジェクトの立ち上げに成功して、目標を20％上回る売上を達成したことです。私が尽力したことは主に３つあります。1つ目は、各国の規制に対応するために、国別のコンプライアンスのガイドラインを策定したこと。2つ目は、各国の異なるタイムゾーンを考慮して、ビデオ会議を実施し、各国のメンバーのモチベーション向上、情報共有、改善点の確認、意思統一を図ったこと。3つ目は、各国のパートナー企業との契約交渉と契約管理です。これらの経験は、御社の仕事でも役立ちます。

One of my accomplishments was the successful launch of a project in the ASEAN region, which exceeded its sales target by

20%. My efforts mainly involved these three tasks: Firstly, I developed country-specific compliance guidelines to comply with regulations in each country. Secondly, I conducted video conferences to improve motivation, share information, confirm points for improvement, and reach a consensus among the members of each country. Finally, I negotiated and managed contracts with partner companies in each country. These experiences will be useful in this new role.

【合格返答の指針】

受験する企業の仕事に活かせる成功体験を述べることが必要不可欠。成功体験がない場合は、**職場のチームワークを高めた経験、社員研修・OJT で学んだこと、困難な業務をこなした経験**などを述べるとよい。

Question 4. 前職での失敗体験を教えてください。
What was a mistake at one of your past jobs?
(Tell us about a failure you experienced in a previous job.)

━━━ 回答例 ▶ 私は、はじめてプロジェクトマネジメントの仕事を担当した際、3つの失敗をしました。1つ目は、現地社員とのコミュニケーション不足で誤解が生じたこと。2つ目は、プロジェクトのスケジュールが現実的に見積もられておらず、遅延が生じたこと。3つ目は、ある進出国の商品に対する規制の変更に最小の時間で対応できなかったことです。私はこれらの失敗から学び、以後、気を付けるようになりました。

When I took charge of project management for the first time, I made three mistakes. The first was a misunderstanding due to lack of communication with local employees. The second was that the project schedule was not realistically estimated, resulting in delays. The third was not being able to respond to changes in regulations on products in certain countries in the shortest possible time. Since then, I've learned to be cautious in these areas.

【合格返答の指針】

　この質問の意図は、①失敗のリカバリーをきちんと行う人か、②失敗から学びを得る人か、③同じ失敗を二度としない努力をする人かの確認。失敗をしない人かの確認ではないということに注意。**失敗経験を伏せるよりも、自分に厳しく些細なことでも失敗と捉える姿勢で説明するとよい。**

Question 5. **退職理由は何ですか？（既に退職している場合）**
Why did you leave your previous job?
(What was your reason for leaving your last job?)
退職理由は何ですか？（これから退職する場合）
Why do you want to leave your current job?
What is your reason for wanting to leave your present job?

回答例　私は、自己成長とキャリアの発展を追求するために、前職よりも事業領域が広く、規模も大きく、海外進出国数も多い企業で働きたいと思い、退職しました（します）。

The reason why I left (will leave) the company is because I want to work for a company with a wider business area, a larger scale, and a larger number of overseas operations than my previous job. This is in order to pursue personal growth and career development.

【合格返答の指針】

　近年は面接官を含め、社員の多くが転職経験者という企業が少なくない。この質問は**退職をネガティブに捉えているわけではなく、事前の企業研究にもとづいたやりたい仕事や今後のキャリアビジョンが軸となった回答が高評価。**前職の不平不満を理由にすると評価が下がるので注意。

Question 6. **あなたは、当社にどんな貢献ができますか？**
How can you contribute to our company?
(What value can you add to our company?)

回答例 私は御社の仕事内容を募集要項とWEBサイトの社員紹介ページで確認しました。その知識をもとに、私が応募する国際プロジェクトマネージャーのポジションで、貢献できることを3つ提案いたします。1つ目は、異なる国や地域にまたがるプロジェクトチームを統括し、コミュニケーションの円滑化を図ること。2つ目は、プロジェクトの目標、進行計画、納期を設定して、進捗状況や課題をモニタリングし、適切な対策を講じること。3つ目は、経営陣やステークホルダーへの定期的なプロジェクトレポートやプレゼンテーションを行うことです。

I have reviewed your company's job description on the recruitment requirements and the employee introduction page on the website. Based on that knowledge, I would like to propose three things that I can contribute to in the position of International Project Manager that I am applying for. The first is to supervise project teams that span different countries and facilitate communication. The second is to set project goals, progress plans, and deadlines, monitor progress and issues, and take appropriate actions. The third is to provide regular project reports and presentations to executives and stakeholders.

【合格返答の指針】

面接官から期待されている貢献内容は、転職の時期（P.163参照）によって異なる。**WEBサイトの社員紹介ページや業務内容紹介ページを確認し、自身と同年代・同職種の社員を参考にして返答内容を組み立てるとよい。**返答が難しい場合も、知ったかぶりで答えるのはNG。逆に「履歴書・職務経歴書の内容から判断して、私にはどんな貢献が期待されるかを教えていただけますか？」と謙虚にたずねたほうが好印象を与え、その企業で内定が出なかったとしても、次に受ける企業で面接官から教わったことを活かすことができる。このやり方で合格する転職者は非常に多い。

Question 7. 当社でどんなキャリアを積みたいですか？
What kind of career do you want to build at our company?
(How do you plan to grow your career at our company?)

回答例 私が御社で積みたいキャリアは、短期的には、大規模で複雑なプロジェクトを主導し、多国籍のチームやステークホルダーと協力しながら、プロジェクトを成功させること。中長期的には、プロジェクトマネジメントの経験とリーダーシップ力を活かし、組織全体の戦略やビジョンの策定、プロジェクトポートフォリオの作成と管理に携わることです。

In the short term, the career I would like to pursue with your company is to lead large, complex projects, working with multinational teams and stakeholders to achieve project success. In the medium to long term, I would like to use my experience and leadership skills in project management to develop strategies and visions for the entire organization, and create and manage project portfolios.

【合格返答の指針】

　質問の意図は、短期間で辞めないかどうかのチェック。**志望企業における中長期（10年以上の期間）のキャリアビジョンを、その企業の経営計画や社長メッセージの内容を根拠にして話すとよい。**

Question 8. 希望する給与はいくらですか？
What are your salary expectations?

回答例 貴社の給与体系を募集要項で確認させていただきました。それをもとに、私の業務における役割から判断して、年収ベースで800万円を希望します。

I have confirmed your company's salary structure in the application guidelines. Based on that, and judging from my role in my work, I would like to request an annual income of 8,000,000 yen.

【合格返答の指針】

　質問の意図は、**本人の希望給与額と社内規定による給与額に大差がないかのチェック。**説得力のある成果や自己PRがあれば、さらなる給与アップが通ることもある。社員口コミサイトなどで給与水準を複数人分チェックし、**要求可能な範囲を把握して交渉の参考にするとよい。**

【著者紹介】

坂本 直文 （さかもと・なおふみ）

就職コンサルタント、キャリアデザイン研究所代表。立教大学理学部物理学科在学中から就職コンサルタントを志し、大学卒業後、証券会社、広告代理店、新聞社、教育業界にて実務経験を積み、キャリアデザイン研究所を設立。東京大学、京都大学、大阪大学、早稲田大学、立教大学など、全国90以上の大学で就職講座の講師を務め、最新の採用情報やコーチング技術などを駆使した実践的指導を行っている。主な著書に『内定者はこう書いた！ エントリーシート・履歴書・志望動機・自己ＰＲ 完全版』（高橋書店）、『就活テクニック大全』（東洋経済新報社）など多数。

E-mail　　　　　sakamoto393939@yahoo.co.jp
X（Twitter）　@ SakamotoNaofumi

編集	加藤朱里・笹木はるか（ヴュー企画）
カバーデザイン	酒井好乃（アイル企画）
本文デザイン・DTP	平松剛・酒井好乃・谷村凪沙・日笠榛佳（アイル企画）
イラスト	内山弘隆
校正	鴎来堂
ナレーション	Kezia Smith, David Jiles
英語音声提供	DMM英会話

グローバル企業・外資系企業を
目指す人のための就職転職ガイド

2023年9月30日　初版第1刷発行

著　者　坂本直文
発行者　角竹輝紀
発行所　株式会社マイナビ出版
　　　　〒101-0003
　　　　東京都千代田区一ツ橋2-6-3 一ツ橋ビル2F
　　　　電話　0480-38-6872（注文専用ダイヤル）
　　　　　　　03-3556-2731（販売部）
　　　　　　　03-3556-2735（編集部）
　　　　URL　https://book.mynavi.jp
印刷・製本　シナノ印刷株式会社